영작문 핵심 규칙 24가지

THE ELEMENTS OF STYLE

영작문 핵심 규칙 24가지

THE ELEMENTS OF STYLE

윌리엄 스트렁크 2세WILLIAM STRUNK, Jr. 지음

코넬대학교 영어학 교수PROFESSOR OF ENGLISH IN CORNELL UNIVERSITY

(개정판) 편저 홍경희Kyung Hee Hong

디아스포라

Prologue

코넬대학교 윌리엄 스트렁크 교수의 초판 '명확한 영어문체의 기본'은 올바른 영작문을 쓰려고 하는 사람들에게는 바이블과 같은 존재이다. 오랜 세월동안 학교 현장과 교실에서 영작문을 지도하는 선생님과 배우는 학생들에게 자세하고 알기 쉬운 영작문의 규칙과 활용지침을 제시해 왔다는 점에서 이 책의 의의를 찾을 수 있다.

이번에 새롭게 단장하여 출간하게 된 '명확한 영어문체의 기본'은 개정 증보판이다. 이전 번역본은 원저자에 의해 상당히 오래전에 쓰여졌고 시시각각 빠르게 변해가는 문장의 규칙과 단어의 사용, 영작문의 작성 방법들을 현대 영어의 흐름에 맞는 예시문과 올바른 글씨기의 방법 등을 보완하여 제시했다. 또한 영작문을 공부하는 학습자의 입장에서 단계별 흐름에 따라 한 눈에 쉽게 영어 글쓰기 학습을 하고 적용해 볼 수 있도록 목차를 수정하였으며, 누락되었던 중요한 문장의 규칙들을 새롭게 보완 및 강조하였다.

부디 원저자의 의도와 흐름을 최대한 살리며, 올바른 영작을 위해 열심히 노력하는 독자들에게 많은 도움이 되길 바란다. 마지막으로 이 책이 나오기까지 옆에서 응원해 준 나의 부모님과 가족 그리고 학습자가 원하는 글쓰기의 방법 제시에 있어서 많은 고민을 하게 해준 나의 학생들에게 이 책을 바친다.

2017. 2. 13

홍경희 (Kyung Hee Hong)

Contests

I

머리말

이 책은 명확한 영어 글쓰기에 필요한 기초 지식을 제공하고자 마련된 작은 공간입니다. 이 책의 목적은 학생들과 교사들이 영어 글쓰기 원칙 및 규칙을 이용함으로 가장 흔히 틀리는 몇 가지 필수 요소(2장과 3장)에 주의를 집중하는 일을 돕는 데 있습니다. 이와 같은 계획에 맞추어 이 책은 쉼표 사용에 세 가지 규칙(20가지나 그 이상의 규칙을 제시하는 대신에)과 세미콜론(semicolon) 사용에 한 가지 규칙을 정하고자 하는데, 이 4가지 규칙이 24가지 문장의 경우에 19가지 경우에 필요한 구두법을 모두 제공한다고 믿기 때문입니다. 이와 유사하게 3장에서는 가장 넓게 응용할 수 있는 문장과 절을 오직 이 규칙을 사용하여 제공합니다.

따라서 이 책은 영어 문체에서 작은 부분만을 다룹니다. 이 책의 주요 부분은 저자가 학생들을 가르쳤던 경험을 바탕으로 쓰였는데, 학생들이 글을 쓸 때 겪는 문제에서 개인적인 지침으로써 도움을 받기도 하고, 기존에 쓰이는 교과서에서 제공하는 내용보다 선호할 수도 있습니다. 원고를 수정함에 이 책의 많은 부분을 참고 자료로 이용할 수도 있습니다.

코넬대학교 영어학과의 동료들로부터 이 책의 원고를 준비하는데 많은 도움을 받았습니다. 조지 맥클레인 우드(George Mclane Wood)는 자신의 책인 <Suggestions to Authors>에 있는 내용을 원칙 10에 사용하는 것에 친절하게 동의해 주었습니다.

더 자세히 공부를 하거나 참조하고자 할 경우에 다음의 책들을 추천합니다. 2장 및 4장과 관련하여 하워드 콜린스(F. Howard Collins)의 <Author and Printer(Henry Frowde)>, 시카고 대학 출판사의 <Manual of Style>, 드 빈느(T. L. De Vinne)의 <Correct Composition(The Century Company)>, 호레이스 하트(Horace Hart)의 <Rules for Composiors and Printers(Oxford University Press)>, 조지 맥클레인 우드(George Mclane Wood)의 <Extracts from the Style-Book of the Government Printing Office(United States Geological Survey>를 추천합니다.

3장과 관련하여 <The King's English(Oxford University Press)>, 아서 퀼러-카우치 경(Sir Arthur Quiller-Couch)의 <The Art of Writing(Putnam)> 중에 특히 "Interlude on Jargon"장, 조지 맥클레인 우드(George Mclane Wood)의 <Suggestion to Authors(United States Geological Survey)>, 존 레슬리 할(John Lesslie Hall)의 <English Usage(Scott, Foresman and

Co)>, 제임스 켈리(James P. Kelly)의 <Workmanship in Words(Little, Brown and Co)>를 추천합니다.

위에서 추천하는 책에는 여기서 간략히 다루었던 요점들 대부분을 자세히 다루고 있으며, 이 책을 보충해 줄 풍부한 설명을 찾을 수 있을 것입니다.

가끔은 일류 작가들이 글쓰기 원칙을 무시하는 경우를 발견하게 됩니다. 그러나 작가들이 그렇게 글을 씀으로써 독자들은 그들의 글에서 그 원칙을 무시한 대가로 얻은 오류를 대체로 발견합니다. 글 쓰는 사람은 의도적으로 그렇게 글을 쓰는 것이 확실한 경우를 제외하고는 글쓰기 원칙을 따르려고 최선을 다할 것입니다. 이와 같은 지침에 따라 일상의 사용에 적합하게 명확한 영어로 글을 쓴 후에 글을 쓰는 사람이 문학 작품을 연구하도록(그 속에 숨겨진 문체를 알기 위해) 해야 합니다.

II

문장(Sentence) 쓰기의 기본 규칙

1. 단수 명사의 소유격에는 〈's〉를 사용한다

어떤 자음으로 끝이 나더라도 이 규칙을 따릅니다. 다음 예시를 살펴보세요.

Charles's friend

Burn's poems

the witch's malice

two actresses' role

their children's hat

Mary's and my home

이 규칙은 미국 정부 간행물 판매국(United States Government Printing Office)과 옥스퍼드 대학 출판부(Oxford University Press)에서 명시하는 기준입니다. 예외는 끝이 -es나 -is로 끝나는 고대의 고유명, Jesus'의 소유격 그리고 for conscience' sake, for righteousness' sake와 같은 경우입니다. 그러나 Achilles' heel, Moses' laws, Isis' temple 등은 대체로 다음과 같이 바꿀 수 있습니다.

the heel of Achilles
the laws of Mosses
the temple of Isis

대명사의 소유격인 hers, its, theirs, yours, oneself 등에는 아포스트로피(')가 들어가지 않습니다.

2. 하나의 접속사와 함께 여러 단어를 나열할 경우에 각 단어 사이에 쉼표를 사용하고, 마지막 단어 앞에 접속사 하나를 붙인다

따라서 다음과 같습니다.

red, white, and blue

gold, silver, or copper

He opened the letter, read it, and made a note of its contents.

I had eggs, orange juice, and toast. (O)

I had eggs, orange juice and toast. (X)

I like cooking, my family, and my pets. (O)

I like cooking my family and my pets. (X)

She took a photograph of her parents, the president, and the

vice president. (O)

이 규칙 역시 미국 정부 간행물 판매국(United States Government Printing Office)과 옥스퍼드 대학 출판부(Oxford University Press)에서 사용되는 기준입니다.

회사명에서 마지막 쉼표는 사용하지 않습니다.

Brown, Shipley & Co.

[Brown, Shipley, & Co. (X)]*

Google Inc. (O)   Google, Inc. (X)

3. 삽입구문 혹은 동격어구들은 쉼표로 시작하여 쉼표로 마무리한다

The best way to see a country, unless you are pressed for time, is to travel on foot.

(시간에 쫓기는 경우를 제외하고, 최고의 여행 방법은 걸어서 하는 여행이다.)

이 규칙은 적용하기가 쉽지 않습니다. however와 같이 자주 쓰이는 하나의 단어로 이루어진 삽입구나 짧은 절을 삽입구문으로 봐야 할지 결정하기가 쉽지 않기 때문입니다. 문장의 흐름에서 간섭이 크지 않다면 글 쓰는 사람이 쉼표를 생략할 수도 있습니다. 그러나 삽입구문의 간섭이 크든 작든 간에 쉼표로 시작된 삽입구문은 반드시 쉼표로 끝내야 합니다. 그 사례가 다음과 같습니다.

Marjorie's husband, Colonel Nelson paid us a visit yesterday.

[→ Marjorie's husband, Colonel Nelson, paid us a visit yesterday. (O)]

(마조리의 남편인 넬슨 대령이 어제 우리를 방문했다.)

또는

My brother you will be pleased to hear, is now in perfect health.

[→ My brother, you will be pleased to hear, is now in

perfect health. (O)]

(네가 들으면 기뻐할 일인데 내 남동생이 이제 완전히 건강해졌다.)

위와 같은 문장은 의문의 여지가 없습니다.

삽입구문 앞에 접속사가 있다면 첫 번째 쉼표는 접속사 뒤가 아닌 그 접속사 앞에 찍습니다.

Ellen's ambition, to become a goalie in professional soccer, is within her reach.

(프로축구 골키퍼가 되려는 엘렌의 야망은 실현 가능하다.)

쉼표 사이는 'ambition'에 대한 동격(같은 의미)을 표현하고 있습니다.

David, her husband of thirty years, suddenly decided to open his own business.

(30살인 그녀의 남편 데이빗은 갑자기 사업을 하기로 결정했다.)

쉼표 사이는 주어인 데이빗에 대한 부연 설명하는 기능을 하며 동격의 표현으로 사용됩니다.

He saw us coming, and unaware that we had learned of his

treachery, greeted us with a smile.

[He saw us coming and, unaware that we had learned of his treachery, greeted us with a smile. (X)]

(그는 우리가 다가오는 것을 보았고, 그의 배신을 우리가 알고 있음을 몰랐기에, 우리에게 웃으며 인사했다.)

항상 삽입구문으로 여겨지기 때문에 쉼표로 마무리해야 하는 경우는 다음과 같습니다.(또는 문장의 끝에서 쉼표 사이와 마침표)

1) (날짜를 구성하는 일부로서) 년도, (요일을 따르는) 몇 월 몇 일 방식의 표기

February to July, 1916.

April 6, 1917.

Monday, November 11, 1918.

날짜, 도시

작은 장소에서 큰 장소 순으로 작성한다.

We visited Boston, Massachusetts, last summer.

(우리는 작년 여름에 매사추세츠 주의 보스턴에 방문했다.)

Paris, France, is sometimes called "The City of Lights."

(프랑스의 파리는 때때로 '조명의 도시'로 불린다.)

2) etc. 혹은 Jr. 같은 약어

Robert Downey, Jr. (O)   Robert Downey Jr. (O)

Surname, Givenname, III   예) Smith, John, III

3) 선행사를 한정하지 않거나 정의하지 않는 비한정적 관계사절 그리고 이
와 유사하게 시간 또는 장소를 가리키는 접속사로 시작하는 부사절

비한정적 관계사절(관계대명사 계속적 용법절)의 예시

The painting, which was painted in 1890, is worth millions
of dollars.
(그 그림은 1890년도에 그려졌고, 수백만 달러의 가치가 있다.)

Seoul, where I was born, is a great city.
(서울은 내가 태어난 곳이고, 위대한 도시이다.)

The man in the suit, who is my husband, is going to give the
presentation.
(그 남자는 내 남편이었고 그는 발표를 할 예정이다.)

The audience, which had at first been indifferent, became

more and more interested.

(관중들이 처음에는 무관심했지만, 점점 더 관심을 보이기 시작했다.)

이 문장에서 which로 시작하는 절은 관객 중에 무관심했던 일부의 관객을 말하는 것이 아닙니다. 여기서 말하는 관객은 이미 전체 글의 앞부분에서 알려진 관객들입니다. which로 시작하는 문장은 삽입절이고, 주절을 보충하는 서술입니다. 사실상 독립적으로 문장을 이룰 수 있는 두 개의 서술이 하나로 결합된 문장인 것입니다.

The audience had at first been indifferent. It became more and more interested.

(관중들이 처음에는 무관심했다. 관중들은 점점 더 관심을 보이기 시작했다.)

문장 안에서 쉼표로 나누지 않는 한정적 관계사절과 비교해 보십시오.

The candidate who best meets these requirements will obtain the place.

(이와 같은 요구 사항에 가장 부합되는 후보가 그 자리에 오를 것이다.)

who로 시작하는 관계대명사 한정적 용법(','이 없는 관계사절)은 후보 중에 요구 사항에 맞는 일부 후보로 의미를 한정합니다. 따라서 이 문장은 둘로 나눌 수 없습니다.

다음 두 문장에 있는 구두법의 차이점에도 같은 규칙을 기준으로 합니다.

Nether Stowey, where Coleridge wrote "The Rime of the
Ancient Mariner", is a few miles from Bridgewater.
(콜리지가 "The Rime of the Ancient Mariner"를 썼던 곳이기도 한 네더 스
토위는 브릿지워터에서 몇 마일 떨어져 있다.)

The days will come when you will admit your mistake.
(당신의 실수를 인정할 날이 올 것이다.)

Nether Stowey 지역은 그 이름만으로 명확하게 정의가 내려집니다. 따
라서 Coleridge를 언급하는 서술은 보충이자 삽입구문이 됩니다. 두 번
째 문장에서 The days는 뒤에 따르는 한정적 관계사절을 통해서만 정
의할 수 있습니다. 따라서 한정적입니다.
삽입구문을 쉼표로 감싸는 규칙과 마찬가지로 문장의 주절 뒤에 오거나
주절 앞에 쓰이는 종속절 또는 구를 구분할 때 쉼표로 구분해 줍니다.

Partly by hard fighting, partly by diplomatic skill, they
enlarged their dominions to the east, and rose to royal rank
with the possession of Sicily, exchanged afterwards for
Sardinia.

(무력을 강력하게 사용하기도 하고 외교력을 발휘하기도 해서 그들은 동쪽으로 지배력을 넓혔으며, 훗날 사디니아(Sardinia)와 바꾸게 될 시실리(Sicily)를 차지하면서 왕족으로서의 지위가 상승했다.)

Between you and me, I think the new CEO is completely underqualified.

(너와 나 사이의 얘기지만 나는 새로운 사장이 완전히 자격 이하라고 생각해.)

The new CEO encountered much opposition from his employees, of course.

(물론, 새로운 사장은 그의 직원들로부터 많은 반대에 직면했다.)

4. 등위절을 이끄는 접속사 앞에 쉼표를 사용한다

The puppies were cute, but very messy.

(그 강아지들은 귀여웠지만 매우 지저분했다.)

등위접속사 앞에 쉼표를 사용하여 문제를 연결해 줍니다.

Although the puppies were very messy, they were cute.

(비록 그 강아지들이 더러웠지만 그들은 귀여웠다.)

종속절 문장에 접속사를 사용하여 주절과의 내용 연결을 완성시킵니다. 부사절의 경우는 통상적으로 주절 앞에 쉼표를 찍습니다.

The early records of the city have disappeared, and the story of its first years can no longer be reconstructed.

(그 도시의 초기 기록은 사라졌고, 도시의 초창기 이야기는 더 이상 재구성할 수 없다.)

The situation is perilous, but there is still one chance of escape.

(상황이 위태롭지만 여전히 탈출할 기회가 한 번 있다.)

이런 유형의 문장들, 즉 문장의 내용이 독립적인 경우는 다시 써야 할 필요가 있습니다. 문장이 쉼표에 다다랐을 때 완전한 의미가 완성되므로 두 번째 절은 추가 내용이 됩니다. 게다가 and는 가장 모호한 연결어(접속사, 관계사 등)입니다. 문장 사이에서 and를 사용하면 and는 두 문장 사이의 관계를 정의하지 않고 오직 두 문장이 연결되어 있다는 사실만을 나타냅니다. 위의 사례에서 두 문장 사이의 관계는 원인과 결과입니다. 이 두 문장은 다음과 같이 다시 쓸 수 있습니다.

As the early records of the city have disappeared, the story of its first years can no longer be reconstructed.

(그 도시의 초기 기록이 사라졌기 때문에 도시의 초창기 이야기는 더 이상 재구성할 수 없다.)

Although the situation is perilous, there is still one chance of escape.

(비록 상황이 위태롭지만 여전히 탈출할 기회가 한 번 있다.)

또는 종속절을 구로 대체할 수 있습니다.

Owing to the disappearance of the early records of the city, the story of its first years can no longer be reconstructed.

(도시의 초기 기록 소멸로 인해 도시의 초창기 이야기는 더 이상 재구성할 수가 없다.)

In this perilous situation, there is still one chance of escape.

(이 위태로운 상황 속에서 여전히 탈출할 기회가 한 번 있다.)

그러나 글 쓰는 사람이 문장을 너무 통일성을 강조해서 압축하거나 도미문[1]만으로 쓰는 실수를 범할 수 있습니다. 그래서 간간히 문장을 산열문[2]으로 씀으로써 글이 너무 딱딱하지 않도록 할 수 있고, 글을 읽는 사람들이 편안함을 느낄 수 있도록 할 수 있습니다. 결국 첫 번째 사례의 산열문은 흔히 쉽게 쓰여지고 글쓰기 연습이 되지 않은 문장인 것입니다. 글 쓰는 사람은 이런 유형으로 문장을 너무 많이 쓰지 않도록 주의해야 합니다

---

1 도미문(Loose Sentence): 문장이 끝에 이르기 전에 글의 뜻이 완성되는 문장
2 산열문(Periodic Sentence): 문장의 끝에 이르러 비로소 뜻이 완성되는 문장

(규칙 14 참조).*

두 번째 문장이 as(because의 뜻으로 쓰이는), for, or, nor, while(동시에 이루어지는 의미로 쓰이는)로 시작하는 두 부분으로 이루어지는 문장도 마찬가지로 접속사 앞에 쉼표를 써야 합니다.

두 번째 문장이 부사로 시작한다면 쉼표가 아닌 세미콜론이 필요합니다(규칙 5 참조). so와 yet은 부사나 연결사로 모두 이용될 수 있고, 따라서 한 문장 안에서 두 번째 절은 등위절이나 종속절이 모두 가능하므로 쉼표나 세미콜론 모두 사용될 수 있습니다. 그러나 so의 경우 (accordingly와 so that과 같은 의미의) 구어체에서 대체로 쓰이는 표현이므로 문어체에서는 사용을 피해야 합니다. 이를 고치기 위해 대체적으로 유용하게 쓰이는 간단한 방법은 so로 시작되는 표현을 생략하고 첫 번째 절을 as나 since로 시작하는 것입니다.

I had never been in the place before; so I had difficulty in finding my way about.

(나는 그곳에 한번도 가보지 못했다. 그래서 길을 찾기가 쉽지 않았다.)

→ As I had never been in the place before, I had difficulty in finding my way about.

(나는 그곳에 한번도 가보지 못했기 때문에 길을 찾기가 쉽지 않았다.)

The cake on the bench had been carefully decorated; so everyone was excited to taste it.

(의자 위에 케이크가 정성스럽게 장식되어 있었다. 그래서 모든 사람들이 그것을 맛보는 것에 관심이 있었다.)

→ As the cake on the bench had been carefully decorated, everyone was excited to taste it.

(의자 위에 케이크가 정성스럽게 장식되어 있었기 때문에 모든 사람은 그것을 맛보는 것에 관심이 있었다.)

종속절이나 쉼표로 구분을 해야만 하는 도입 구문이 두 번째 독립절에 선행한다면 접속사 뒤에 쉼표는 필요하지 않습니다.

The puppies were very messy, but when I washed them, they were cuter than ever.

(그 강아지들은 매우 지저분했지만, 내가 그들을 씻겼을 때 전보다 더 귀여워졌다.)

The cake on the bench is delicious, but if we wait, there might not be any left.

(벤치 위에 케이크는 맛있지만, 우리가 기다린다면 조금도 남아있지 않을 것이다.)

The situation is perilous, but if we are prepared to act promptly, there is still one chance of escape.

(상황은 위태롭지만, 우리가 적절하게 대처할 준비를 한다면 여전히 탈출할 기회가 한 번 있다.)

[The situation is perilous, but, if we are prepared to act promptly, there is still one chance of escape. (X)] (',' 불필요)

두 절의 주어가 같고 오직 한 번만 주어를 쓸 때 연결사 but을 사용한다면 쉼표가 필요합니다. 연결사가 and이고 두 문장 사이의 연관성이 크거나 밀접하다면 쉼표를 생략할 수 있습니다.

I have heard his arguments, but am still unconvinced.
(나는 그의 주장을 들었지만 여전히 확신이 들지 않는다.)

He has had several year's experience and is thoroughly competent.
(그는 수년간의 경력이 있고 충분한 자격이 있다.)

The puppies were washed thoroughly and fed later that night.
(강아지들을 깨끗이 씻겼고, 그 날 밤에 먹이를 먹였다.)

'and' 이하의 문장에서의 주어는 처음 도입문장의 주어와 동일하기에 생략이 가능합니다.

The cake at the wedding was fantastic, but was not enough for the guests.

(결혼식에서의 케이크는 환상적이였지만, 초대 손님들을 만족시키기에는 충분치 않았다.)

5. 두 개의 독립절은 쉼표로 연결하지 않는다(세미콜론을 활용)

두 개 또는 그 이상의(문법상 완전한 문장을 이루고 접속사로 연결되지 않은) 절이 하나의 중문을 만들 때는 세미콜론(;)을 사용합니다.

The presidential nominee visited my town yesterday; no one was particularly excited.
(그 대통령 후보가 어제 우리 마을에 방문했지만 아무도 특별히 관심을 갖지 않았다.)

Some people write with a word processor; others write with a pen or pencil.
(몇몇 사람들은 워드프로세서로 글을 쓰지만 어떤 사람들은 펜이나 연필로 작성한다.)

Stevenson's romances are entertaining; they are full of exciting adventures.
(스티븐슨의 연애사는 흥미로운데, 신나는 모험으로 가득 차 있기 때문이다.)

It is nearly half past five; we cannot reach town before dark.

(거의 5시 반이 되어가니 우리는 어두워지기 전에 마을에 도착하지 못할 것이다.)

물론, 두 문장의 세미콜론을 마침표로 바꿀 수 있습니다.

The presidential nominee visited my town yesterday. No one was particularly excited.

(그 대통령 후보는 어제 우리 마을에 방문했다. 아무도 특별히 관심을 갖지 않았다.)

Some people write with a word processor. Others write with a pen or pencil.

(몇몇 사람들은 워드프로세서로 작성을 한다. 어떤 사람들은 펜이나 연필을 사용한다.)

Stevenson's romances are entertaining. They are full of exciting adventures.

(스티븐슨의 연애사는 흥미롭다. 연애사는 흥미로운 모험으로 가득 차 있다.)

It is nearly half past five. We cannot reach town before dark.

(거의 5시 반이 되어간다. 우리는 어두워지기 전에 마을에 도착하지 못할 것이다.)

두 문장을 접속사로 연결할 경우에는 접속사 앞에 쉼표를 사용해 주어
야 합니다(규칙 4 참조).

Stevenson's romances are entertaining, for they are full of
exciting adventures.
(스티븐슨의 연애사는 흥미로운데, 왜냐하면 신나는 모험으로 가득 차 있기 때문이다.)

Some people write with a word processor, while others write
with a pen or pencil.
(몇몇 사람들은 워드프로세서로 글을 작성하지만, 반면에 어떤 사람들은 펜이
나 연필을 사용한다.)

The presidential nominee visited my town yesterday, yet no
one was particularly excited.
(그 대통령 후보는 어제 우리 마을에 방문했지만, 아무도 특별히 관심을 갖지
않았다.)

It is nearly half past five, and we cannot reach town before
dark.
(거의 5시 반이 되어가니, 우리는 어두워지기 전에 마을에 도착하지 못할 것이다.)

위에 주어진 세 가지 형식을 살펴보면 세미콜론을 사용한 첫 번째 형식에 있는 장점이 명확히 보입니다. 적어도 주어진 사례에서 두 번째 두 형식이 두 서술 사이의 관계를 아무 것도 보여주지 못하는 것에 비해 첫 번째 형식은 두 서술 사이의 가까운 관계를 암시하기 때문입니다. 또한 세 번째 형식보다도 나은데 더 간결하고 설득력이 있기 때문입니다. 실제로 글쓰기에서 두 서술 사이의 관계를 간단하게 나타내는 방식이 가장 유용한 방법이라고 말할 수 있습니다. 위 사례처럼 두 문장 사이의 관계는 공통적으로 원인과 결과입니다.

두 번째 절이 accordingly, besides, then, therefore, thus와 같은 부사로 시작된다면 그리고 접속사로 시작되는 것이 아니라면 여전히 세미콜론이 필요하다는 점에 주의하십시오.

이 규칙에 두 가지 예외 사항이 있습니다. 절이 매우 짧거나, 서로 닮은 구조라면 쉼표를 쓰는 것이 대체로 허용됩니다.

We eat, we sleep, we repeat.

(우리는 먹고, 자고, 반복한다.)

You scream, I scream, we all scream for ice-cream.

(당신은 열광하고, 나도 열광하며, 우리 모두 아이스크림에 열광한다.)

Man proposes, God disposes.

(인간이 꾀하지만 결정은 신이 한다.)

The gate swung apart, the bridge fell, the portcullis was drawn up.

(문이 흔들리며 떨어졌고, 다리는 무너졌으며, 쇠창살문이 들어올려져 열렸다.)

이 예외 사례 사이의 관계는 원인과 결과가 아님에 주의하십시오. 그리고 구어체의 쓰임새로는 다음과 같습니다.

I think I will not vote this year, I guess.

(나는 금년에 투표를 하지 않을 거야. 나는 아마도 그럴 거야.)

I don't know, may be things will be different this year.

(나는 모르지만, 상황이 올해는 다를 거야)

I hardly knew him, he was so changed.

(난 그 사람 잘 모르는데, 많이 변했네.)

위의 예시처럼 세미콜론이 아니고 쉼표를 사용해 이 글이 구어체 표현임을 드러냅니다. 그러나 이와 같은 쓰임새는 이야기나 연극 또는 친밀한 편지 속 대화체인 경우를 제외하고 글쓰기에서는 적절하지 않습니다.

6. 하나의 문장을 둘로 나누지 않는다

<u>강조</u>

쉼표 대신 마침표를 사용해서는 안 된다는 뜻입니다.

Let me know when you are done.

So that I can finish putting this together. (X)

(끝나면 나에게 알려줘. 그러면 나는 이것을 하나로 통합하여 끝낼 수 있다.)

I enjoy attending the annual fashion show.

Not the jazz performance. (X)

(나는 매년 패션쇼에 참석하는 것을 즐긴다. 재즈공연은 아니다.)

If you know how to do it. You should not ask for my help. (X)

(만일 당신이 그것을 어떻게 하는지 안다면, 나의 도움을 요청해서는 안 됩니다.)

위의 세 문장의 표현은 마침표 대신 뒤에 문장을 하나로 연결해야 올바른 문장이 만들어집니다.

I met them on a Cunard liner several years ago. Coming home from Liverpool to New York.

(나는 리버풀에서 뉴욕의 집으로 오는 커나드 항공편 비행기에서 그들을 만났다.)

He was an interesting talker. A man who had traveled all
over the world and lived in half a dozen countries.

(그는 6개국에서 살았고, 전 세계를 여행한 흥미로운 이야기꾼이었다.)

두 사례에서 첫 번째 마침표는 모두 쉼표로 바꾸어야 하며, 두 번째 문장의 첫 단어는 소문자로 시작해야 합니다.

문장의 목적에 맞게 쓰이도록 강조의 단어나 표현을 다음과 같이 마침표로 나눌 수 있습니다.

We reminded him over and over again. Still no change.

(우리는 계속해서 그를 상기시켰다. 그럼에도 변화는 없었다.)

The assistant is loyal through and through. Never wavers.

(그 직원은 줄곧 충성스럽다. 결코 거부하지 않는다.)

Again and again he called out. No reply.

(그는 거듭해서 불렀다. 아무 대답도 없었다.)

그러나 글 쓰는 사람은 반드시 이 부분이 강조임을 드러내서, 이것이 단지 문법상의 실수나 구두점을 잘못 찍은 것이 아님을 반드시 밝혀야 합니다.

규칙 3~6은 일반적인 영어 문장에서 구두점을 사용함에 가장 중요한 규칙입니다. 철저히 익혀 자연스럽게 사용되도록 해야 합니다.

7. 분사구문으로 시작되는 문장에서 분사구문의 의미상 주어는 문장의 주어와 같아야 한다.

> Having cleaned the oven, the kitchen looked brand new. (X)
> (오븐을 청소한 후, 그 부엌은 새 것처럼 보였다.)

완료 분사구문의 종속절과 주절의 주어가 일치하지 않는 비문입니다.

> The kitchen looked brand new after Mike cleaned the oven. (O)
> (마이크가 오븐을 청소한 뒤 부엌은 새것처럼 보였다.)

주어가 다르다면, 위의 문장과 같이 각각의 문장의 주어를 반드시 써야 합니다.

> Their years of training forgotten, the employee left the company without hesitation. (X)
> (훈련 받은 시간은 잊어버리고, 그 직원은 망설임 없이 회사를 떠났다.)

위 문장의 분사구문의 주어가 their years가 주절의 주어와 일치하지 않는 비문입니다. 아래 문장과 같이 주어를 일치시켜 줍니다.

His years of training forgotten, the employee left the company without hesitation.

Walking slowly down the road, he saw a woman accompanied by two children.
(천천히 길을 걸어오다가 그는 두 아이를 동반한 한 여성을 보았다.)

Walking이라는 단어가 이 문장의 주체가 문장 속의 여인(a woman)이 아님을 암시합니다. 글 쓰는 사람이 walking의 주체가 여성임을 암시하고자 한다면 문장을 다시 구성해야 합니다.

He saw a woman accompanied by two children, walking slowly down the road.
(그는 두 아이를 동반한 한 여성이 천천히 길을 걸어오는 것을 보았다.)

접속사나 전치사로 시작하는 분사구문, 동격 명사, 형용사, 형용사구문으로 시작하는 문장에서도 같은 규칙이 적용됩니다.

On arriving in Chicago, his friends met him at the station.
→ When he arrived(or, on his arrival) in Chicago, his friends met him at the station.
(그가 시카고에 도착했을 때 그의 친구들이 역에 마중을 나왔다.)

A soldier of proved valor, they entrusted him with the defence of the city.

→ A soldier of proved valor, he was entrusted with the defence of the city.

(용기를 입증한 병사인 그가 도시 방어를 책임지게 되었다.)

Young and inexperienced, the task seemed easy to me.

→ Young and inexperienced, I thought the task easy.

(어리고 경험이 부족했기에, 나는 그 일을 쉽게 생각했다.)

Without a friend to counsel him, the temptation proved irresistible.

→ Without a friend to counsel him, he found the temptation irresistible.

(충고해 줄 친구가 없었기에, 그는 유혹에 저항할 수 없었다.)

이 규칙을 지키지 않을 경우 터무니없는 문장을 쓰게 됩니다.

Being in a dilapidated condition, I was able to buy the house very cheap.

("다 허물어져 가는 상태였기에, 나는 그 집을 아주 싼 값에 살 수 있었다."라는 의미이지만 분사 구문의 주어와 주절의 주어가 일치하지 않는 비문)

Wondering irresolutely what to do next, the clock struck twelve.

("다음에 무엇을 해야 할지 우유부단하게 어물거리다 보니 12시가 되었다."라

는 의미이지만 역시 주어가 일치하지 않는 비문)

8. 문장의 균형을 맞춰라(Structure Balanced): 주어는 되도록 "짧게" 쓴다

영작에 있어서 간결한 문장의 표현과 명료한 의미 전달에 중요한 요소
가운데 하나는 문장의 균형을 맞추는 것입니다. 우리가 흔히 중·고등학
교 때 배웠던 "가주어-진주어", "가목적어-진목적어"는 단순한 문법적인
규칙을 배우는 것이 아닌 문장의 균형을 맞추기 위한 과정인 것입니다.

To study many subjects at the same time is hard.

위와 같은 문장의 구조는 머리가 크고 다리는 짧은 가분수와 같은 문장
입니다. 따라서 다음의 문장이 훨씬 좋은 표현입니다.

It is hard to study many subjects at the same time.

혹은, 다음과 같은 예에 있어서도 좋은 영작이 되기 위한 문장의 균형을
맞춰 볼 수 있습니다.

A number of temptation into which we may fall exist.

위의 문장보다 아래의 문장이 훨씬 주어가 간결한 균형 잡힌 문장입니다.

We may fall into a number of temptation existing.

따라서 문장쓰기에 있어서 주어 부분은 최대한 간결하게 쓰고 나머지 수식어들은 술어부분에 나열하는 게 좋습니다. 아래의 예문을 통해 살펴봅시다.

Knowing that the new governor is a prejudice man is disturbing.
(새로운 지사가 편견이 있는 사람이라는 것을 아는 것은 불쾌하다.)
→ It is disturbing to know that the new governor is a prejudice man.

To make the project all over again is a daunting task.
(그 프로젝트를 처음부터 다시 만드는 것은 힘든 임무이다.)
→ It is a daunting task to make the project all over again.

9. 특별한 경우가 아니면 가급적 "능동표현 > 수동표현"의 문장을 사용한다.

능동태는 수동태보다 대체로 더 직접적이고 힘이 있습니다.

> For a long time the earth was believed to be flat
>
> → It was believed that the earth is flat.

> I shall always remember my first visit to Boston.
>
> (나는 언제나 나의 첫 번째 보스턴 방문을 기억할 것이다.)

위 문장은 아래 문장보다 훨씬 좋습니다.

> My first visit to Boston will always be remembered by me.
>
> (나의 첫 번째 보스턴 방문은 나에게 언제나 기억될 것이다.)

두 번째 문장은 직접적이지 못하고, 과감하지 못하며, 간결하지 못합니다. 글 쓰는 사람이 이 문장을 좀 더 간결이 쓰고자 한다면 "by me"를 생략해야 합니다.

> My first visit to Boston will always be remembered.
>
> (나의 첫 번째 보스턴 방문은 기억될 것이다.)

문장이 분명히 규정되지 않았습니다. 글쓴이가 또는 밝혀지지 않은 어떤 사람이 또는 세상이 이 방문을 기억하는 것일까요?

Thousands of people are killed every year by drunk drivers.

(수천 명의 사람들이 음주운전자에 의해 매년 죽임을 당한다.)

위의 문장은 음주운전자의 살인행위보다 수천 명의 죽음이 더욱 강조되고 있다. 아래와 같이 수천 명의 인명의 손실에 대한 직접적인 원인이 음주운전자임을 강조하는 표현이 사실 전달에 훨씬 효과적이다.

→ Drunk drivers kill thousands of people every year.

(음주운전자는 매년 수천 명의 사람들을 죽인다.)

It seems that much of the questionable issues with the defective machine are now being quickly publicized.

(결함이 있는 기계에 대한 많은 의문스러운 점들이 빠르게 공표되고 있는 것처럼 보인다.)

It seems that으로 시작하는 표현으로 인해 전체적인 내용이 장황해졌으며 공표된 사실이 부각되고 있다.
아래 문장과 같이 주어 자리에 문제의 핵심을 기재하며 주어의 상황을 표현하는 것이 훨씬 좋은 표현입니다.

Much of the questionable issues with the defective machine are now being quickly publicized.

(무수히 많은 의문스러운 점들이 빠르게 제기되고 있는 중이다.)

물론 이 원칙이 글쓴이가 수동태를 완전히 쓰지 말아야 함을 의미하는 것은 아닙니다. 수동태는 자주 유용하게 쓰이며 가끔 필요할 때도 있습니다.

The dramatists of the Restoration are little esteemed today.

(왕정복고 시대의 극작가들은 오늘날 그다지 대단하게 평가받지 못한다.)

Modern readers have little esteem for the dramatists of the Restoration.

(현대의 독자들은 왕정복고 시대의 극작가들을 그다지 대단하게 평가하지 않는다.)

왕정복고 시대의 극작가를 주제로 하는 단락에서는 첫 번째 문장이 올바른 표현일 것입니다. 두 번째 문장은 현대 독자들의 취향을 주제로 하는 단락에서 올바른 표현일 것입니다. 특정 단어를 문장의 주어로 만들어야 할 필요성은 위의 사례와 마찬가지로 어떤 의견을 이용할지에 따라 결정됩니다. 대체로 한 문장에서 수동태를 이중으로 사용하는 것을 피합니다.

Gold was not allowed to be exported.

(금이 수출되는 것이 허락되지 않았다.)

→ It was forbidden to export gold (The export of gold was prohibited.)

(금 수출이 금지되었다.)

He has been proved to have been seen entering the building.

(그가 건물에 들어가는 것이 목격되었음이 확인되었다.)

→ It has been proved that he was seen to enter the building.

(그가 건물에 들어가는 것을 목격하였음이 확인되었다.)

수정하기 전의 위 두 사례에서 문장 안의 두 번째 수동태와 적절히 연결된 단어가 첫 번째 수동태의 주어가 됩니다. 흔한 실수는 전체 사건을 표현하는 명사를 수동태를 구성하면서 주어로 이용하는 것이고, 문장을 완성하는 역할 이외에는 동사가 아무 기능도 못하도록 남겨두는 것입니다.

A survey of this region was made in 1900.

(이 지역의 조사가 1900년대에 이루어졌다.)

→ This region was surveyed in 1900.

(이 지역은 1900년대에 조사되었다.)

Mobilization of the army was rapidly effected.

(군대의 이동이 급격하게 이루어졌다.)

→ The army was rapidly mobilized.

(군대가 급격히 이동했다.)

Confirmation of these reports cannot be obtained.

(이 보고서의 승인을 재가 받지 못했다.)

→ These reports cannot be confirmed.

(이 보고서를 승인받지 못했다.)

"The export of gold was prohibited."의 문장에서 비교해 보면 "was prohibited"라는 서술부는 "export"를 암시하는 어떤 것도 표현하지 않습니다.

습관적으로 능동태를 사용하는 것이 힘 있는 글쓰기를 가능하게 해줍니다. 이는 규칙적으로 사건과 관련이 있는 이야기뿐만 아니라 어떤 글쓰기에서도 잘 드러납니다. "there is"나 "could be heard"처럼 형식적인 표현 대신에 많은 서사문 또는 설명문의 단조로운 문장을 동사를 능동형으로 대체함으로써 생생하고 단호하게 만들 수 있습니다.

There were a great number of dead leaves lying on the ground.

(땅에 수많은 낙엽이 떨어져 있었다.)

→ Dead leaves covered the ground.

(낙엽이 땅을 뒤덮었다.)

The sound of a guitar somewhere in the house could be heard.

(집안 어디에서나 기타 소리를 들을 수 있었다.)

→ Somewhere in the house a guitar hummed sleepily.

(집안 어디에서 기타 소리가 졸립게 들렸다.)

The reason that he left college was that his health became impaired.

(그가 대학을 그만둔 이유는 그의 건강이 좋지 못했기 때문이었다.)

→ Falling health compelled him to leave college.

(그는 건강이 악화되어 대학을 그만둬야 했다.)

It was not long before he was very sorry that he had said what he had.

(그가 했던 일을 두고 매우 미안하다고 말하기까지 그리 오랜 시간이 걸리지 않았다.)

→ He soon repented his word.

(그는 바로 자신이 한 말을 사과했다.)

10. 동사구문보다는 명사구문이 글의 간결성에 있어 중요하다

문장쓰기에 있어서 실제 우리가 범하기 쉬운 것이 바로 장황한 문장의
표현입니다. 다양한 수식어들의 조합과 단어들을 나열함으로써 문장을
길게 만드는 것이 수준 높은 문장으로 착각하는 경우가 빈번합니다. 하
지만 좋은 문장이란 길게 쓸 수 있는 문장을 짧게 쓰는 데에 있습니다.
이러한 측면에서 글을 간결하고 명료하게 전달할 수 있는 동사구 중심
의 문장이 훨씬 설득력과 호소력을 가질 수 있다는 사실을 명심하세요.

He made a careful study of the problem.

위 문장 표현의 "made a careful study"는 명사구로 표현된 문장입니
다. 이 표현을 다음과 같이 동사구문으로 표현해 보면 "He carefully
studied the problem"으로 간결하게 고칠 수 있습니다. 장황한 표현보
다 가급적 동사 표현을 활용하는 게 좋은 문장쓰기입니다.

She made a decision to go abroad for her job.
(그녀는 직업을 위해 해외로 나갈 결정을 내렸다.)

위 명사구 표현 역시 다음의 문장으로 간결하게 정리할 수 있습니다.

She decided to go abroad for her job.

(그녀는 직업을 위해 해외에 나가기로 결정했다.)

아래의 예문들은 동사구로 바꿔 표현했을 때 문장이 간결함과 전달력이 높아지는 경우입니다.

We made an effort to arrive promptly at the meeting.
(우리는 회의에 즉시 도착하기 위해 노력을 기울였다.)
→ We tried to arrive promptly at the meeting.
(우리는 회의에 즉시 도착하기 위해 노력했다.)

The train will begin to depart shortly after all passengers have been seated.
(모든 승객들이 자리에 앉은 후에 그 기차는 곧 출발할 것이다.)
→ The train will depart shortly after all passengers have been seated.
(모든 승객이 앉은 후 그 기차는 출발할 것이다.)

The professor started a new research program cataloging the new species found on the island.
(그 교수는 섬에서 발견한 새로운 종을 목록에 넣은 새로운 연구 프로그램을 시작했다.)
→ The professor researched and cataloged new species

found on the island.

(그 교수는 섬에서 발견한 새로운 종을 연구하고 목록에 넣었다.)

11. 서술은 긍정형으로 쓴다

분명한 주장을 하는 글을 씁니다. 단조롭고, 무미건조하고, 망설이는 듯
한 입장을 밝히지 않는 어정쩡한 글을 피합니다. 부정문이나 대조의 표
현이 아닌 단어를 사용하고 얼버무리지 않습니다.

An increase in income tax will not improve the incentives of
the unemployed to find work.

(소득세의 증가는 일자리를 찾는 실업자들의 동기를 향상시키지 않을 것이다.)

서술형 문장에서 위의 부정적 표현보다 아래와 같은 긍정적 표현이 좋
은 표현입니다.

→ A decrease in income tax will improve the incentives of
the unemployed to find work.

(소득세의 감소는 일자리를 찾는 실업자들의 구직 동기를 증가시킬 것이다.)

The judge and jury did not find the man to be completely
without fault and so therefore did not allow him parole.
(판사와 배심원은 그 남자에게서 완전히 잘못이 없다는 것을 찾지 못했고, 그
의 가석방은 허락되지 않았다.)

불필요한 이중부정으로 문장의 내용 전달에 혼란을 줍니다. 아래 문장
과 같이 긍정의 표현으로 전달력을 높이는 것이 좋은 문장입니다.

The judge and jury found the man guilty and so therefore
rejected his parole.
(판사와 배심원은 그 남자의 죄를 찾았고 따라서 가석방은 기각되었다.)

He was not very often on time.
(그는 그다지 정시에 오지 않는다.)
→ he usually came late.
(그는 보통 늦게 온다.)

He did not think that studying Latin was much use.
(그는 라틴어 공부가 그다지 쓸모가 있다고 생각하지 않았다.)
→ He thought the study of Latin useless.
(그는 라틴어 공부가 쓸모가 없다고 생각했다.)

The Taming of the Shrew is rather weak in spots.
Shakespeare does not portray Katharine as a very admirable
character, nor does Bianca remain long in memory as an
important character in Shakespeare's works.

("말괄량이 길들이기"는 어떤 점에서 약점이 있다. 셰익스피어는 캐더린을 훌륭한 등장인물로 묘사하지 않았고, 비앙카도 그의 작품에서 중요한 등장인물로서 기억 속에서 오래 남도록 하지 않았다.)

→ The women in The Taming of the Shrew are unattractive.
Katharine is disagreeable, Bianca insignificant.

("말괄량이 길들이기"의 여성 등장인물은 매력적이지 못하다. 캐더린은 불쾌하고, 비앙카는 중요해 보이지 않는다.)

마지막 사례의 수정 전 문장은 부정문만큼이나 글이 모호합니다. 결과적으로 수정한 문장이 글쓴이의 의도를 간단하게 추측할 수 있습니다. 세 가지 사례 모두가 'not'이라는 단어에 내재된 약점을 드러냅니다. 의식적이든 무의식적이든 글을 읽는 사람들은 부정문을 듣는 것 자체로 불만을 느낍니다. 글을 읽는 사람들은 긍정적이기를 바랍니다. 이런 이유로 긍정문 안에서 부정형(a negative) 단어로 표현하는 것이 대체로 낫습니다.

not honest

→ dishonest

not important

→ trifling

did not remember

→ forgot

did not pay any attention to

→ ignored

did not have much confidence in

→ distrusted

부정과 긍정의 대조는 강조의 효과가 있습니다.

Not charity, but simple justice.

(자비가 아니라 단지 정의일 뿐이다.)

Not that I loved Caesar less, but Rome the more.

(카이사르를 덜 사랑한 것이 아니라 로마를 더 사랑했을 뿐이다.)

Not once, but twice was he told to do better.

(한 번이 아닌 두 번을 하는 것이 낫다라고 들었다)

The recruiters were looking for a highly motivated and reasonably intelligent candidate, not a lazy, indifferent being.

(그 구인자들은 게으르고 무관심한 사람이 아닌, 동기부여 되고 상당히 지적
인 구직자를 찾고 있는 중이다.)

'not' 이외의 다른 부정어구는 강조의 효과가 있습니다.

The sun never sets upon the British flag.
(영국 국기에 해가 지는 일은 결코 없다.)

12. 불필요한 단어 및 표현의 군더더기를 생략한다(동어반복 및 동일한 의미의 중복문장을 피한다)

다음과 같이 세 가지 경우의 방법을 활용하여 불필요한 단어 및 동어반복을 제거합니다.

1) 대명사를 사용해 반복을 피하기

People have their strong points as well as their weak points.

위의 문장을 잘 살펴보면 "points"가 중복되어 사용됐음을 알 수 있습니다. 이 표현을 대명사로 바꿔보면 다음과 같습니다.

People have their strong points as well as their weak ones.

'points'라는 반복된 명사를 대명사 'ones'로 바꿈으로 반복되는 표현을 삭제했습니다.

2) 대동사를 사용해 반복을 피하는 방법

1)의 대명사와 마찬가지로 대동사 역시 앞 문장에 언급된 동사의 반복을 피하기 위해 존재합니다.

다음의 예문을 살펴봅시다.

He earns more money in a day than I earn in a week.

이제 보이세요? 위의 문장에서 중복되어 사용된 표현은 "earn"이라는 동사이다. 이 표현을 다음과 같이 대동사를 활용하여 고쳐봅시다.

He earns more money in a day than I do in a week.

3) 조동사를 활용해 반복을 피하는 방법

Cardiac research team is experimenting with new drugs that

will stop heart attack and (will stop) seizures.

(심장연구팀은 심장병과 심장발작을 예방할 새로운 약을 실험 중에 있다.)

위의 문장에서 seizures 앞에 will stop은 앞서 언급되었기에 동어반복
을 피해서 생략합니다.
아래의 문장 역시 조동사 뒤의 동사원형 표현을 생략하여 표현의 간결
성을 유지하고 있습니다.

Johnny will have more experience in his new job once the
year is over than Kevin ever will (have experience).

(Johnny는 올해가 끝나면 Kevin보다 그의 새로운 일자리에서 더 많은 경험
을 갖게 될 것이다.)

4) be동사를 활용해 반복을 피하는 방법

Grace has a better chance of entering the competition than
Sharon does (have) because she is more qualified than
Sharon is (quailed).

(그레이스는 샤론보다 더 나은 자격을 갖추었기 때문에 그 시합에 참여할 가
능성이 높다.)

위의 문장의 'is qualified'라는 표현은 반복되므로 맨 마지막은 괄호로 생략을 해서 동어반복을 피했습니다.

5) 동의어 및 유사어를 사용하여 반복을 피하기

같은 의미를 지닌 다른 표현을 영어에서는 "paraphrasing"이라고 합니다. 비단 문장의 표현에 사용될 뿐만 아니라 단어의 활용에서도 유용하게 사용할 수 있습니다.

> Heaven certainly looks after the man who takes care of business first.
>
> (하늘은 틀림없이 스스로 노력하는 자를 돕는다.)

위의 문장을 살펴보면 "looks after"와 "takes care of"라는 같은 의미의 다른 단어표현을 찾아 볼 수 있습니다. 표현에 있어서의 단조로움을 피하고 다채로운 문장 표현을 가능케 해줍니다.

> Due to the fact that many students are failing to understand this new concept, the teacher made changes in her lesson plans.
>
> (많은 학생들이 새로운 개념을 이해하는 데 실패하고 있기 때문에 선생님은
> 그녀의 학습계획에 변화를 주었다.)

위의 문장에 밑줄 친 표현들은 아래 문장과 같이 바꿔서 표현을 할 수 있습니다.

Because many students are failing to understand this new concept, the teacher made changes in her teaching plans.

위 문장이 표현하는 의미는 같으나 형태가 다른 표현으로 전환할 수 있다.

13. 구두점은 문장과 문장 사이에 있어서의 '양념'과 같다 : 적극 활용하라!

세미콜론 ' ; '을 이용한 표현법과 활용법을 살펴봅시다.

1) 이유를 나타내는 접속자 'because'의 의미

We expect all the privileges in the contract; we have met all the requirements.
(우리는 그 계약에서 모든 권리(특권)를 기대한다. 왜냐하면 우리는 모든 요구
사항들을 충족했기 때문이다.)

';'은 문장과 문장을 연결하는 원인/이유의 접속사의 기능과 의미를 담고 있습니다.

Renewal projects will be successful; the area will establish a
population that lives and works downtown.
(리뉴얼 계획들은 성공적일 것이다. 왜냐하면 그 지역은 사람이 살고 일하는
도심지가 건설될 것이기 때문이다.)

2) 결과를 나타내는 접속부사 'so'의 의미

The Mayan built cities deep in the jungle; little is known
about their culture.
(마야인은 정글 깊숙이 도시를 지었다. 따라서 그들의 문화에 대해서는 알려
진 것이 거의 없다.)

세미콜론을 기준으로 앞 문장은 이유를 제시하고 뒤에 문장은 그에 따
른 결과를 나타냅니다. 결국 중간에 등장하는 세미콜론은 '결과'의 의미
를 나타냅니다.
아래의 예문 역시 인과관계를 표현해 주는 세미콜론이 사용된 경우입니다.

Many patients have phobias and depressions; they excuse
themselves from life responsibilities
(많은 환자들은 우울증과 심리적 망상(공포증)에 사로잡혀 있다. 따라서 그들
은 삶의 책임들로부터 스스로 회피한다.)

3) 동격 혹은 부연 설명하는 의미

Bring all the items that you can; sleeping bags, pillows, and blankets are in short supply.

(모든 필요한 물품을 가지고 오세요. 침낭, 베개, 이불은 수량이 부족합니다.)

위의 문장에 'the items'에 관해 세미콜론 뒤에 쉼표로 물품들에 대해 나열하고 있습니다.

아래의 예문들 역시 'requirements' 및 'the products' 대한 세부적인 내용들을 세미콜론 뒤에 나열하고 있습니다.

The requirements of a presidential candidate is posted on the website; he/she must be a natural born citizen, be at least thirty-five years of age, and must have lived in the US for at least 14 consecutive years.

(대통령 후보에 대한 요구 사항들이 웹사이트에 다음과 같이 공지되었다. 후보자는 국적이 있는 시민이고, 최소 35세 이상의 나이에 미국에서 최소 14년 동안 연속해서 살아왔어야 한다.)

The products in demand are wildly popular in Asia; many celebrities have been seen using this new product.

(수요가 많은 그 제품들이 아시아에서 크게 인기가 있다. 특히, 많은 유명 인

사들이 이 새로운 제품을 사용해오고 있는 중이다.)

위의 세 가지의 구두법의 표현법을 익혀둔다면, 조금 더 세련된 문장 표현이 가능할 것입니다.

III

영어 글쓰기의 기본 원칙

14. 문장의 단락을 하나의 구성단위로 만든다: 하나의 단락에서는 하나의 소주제

쓰고 있는 글의 주제 범위가 좁거나 또는 간략히 다루고 싶다면 주제를 소주제로 나눌 필요가 없을 것입니다. 따라서 간결한 서술, 문학 작품의 간결한 요약, 한 가지 화제의 간결한 설명, 사건의 대략적인 서술, 구상했던 생각의 발표 등은 하나의 단락으로 쓰는 것이 가장 좋습니다. 하나의 단락으로 이상과 같은 글을 쓴 후에 다시 세분화가 필요한지 검토하세요.

그럼에도 대체로 한 가지 주제는 여러 가지 소주제로 세분화가 필요하고, 소주제 하나하나는 한 단락의 주제가 되어야 합니다. 단락에서 소주제 하나하나를 다루는 목적은 당연히 읽는 이를 돕기 위함입니다. 매 단락의 시작이 글을 읽는 이에게 새로운 주제에 도달했다는 신호입니다. 세분화의 범위는 글의 길이에 따라 다릅니다. 예를 들어 짧은 통지의 글이나 시와 같은 경우는 한 단락으로 이루어져 있습니다. 그보다 살짝 긴 경우에 두 단락으로 이루어진 경우도 있습니다.

첫 번째 단락: 작품의 설명
두 번째 단락: 핵심 논제

문학을 배우는 강좌에서 시를 주제로 한 보고서를 쓸 경우에 7가지 단락으로 구성할 수 있습니다.

(1) 구성요소 및 출판과 관련된 사실들
(2) 시의 종류와 운율
(3) 주제
(4) 주제를 다루는 방법
(5) 두드러지는 점
(6) 작가의 특징
(7) 다른 작품과의 관계

(3) 주제 단락과 (4) 주제를 다루는 방법 단락의 내용은 시에 따라 다양

합니다. 대체로 (3) 주제 단락은 시가 쓰여진 실제 또는 상상 속의 정황 (상황)을 보여줄 것입니다(이와 같은 정황이 설명을 필요로 한다면). 그런 다음 주제를 서술할 것이고, 주제가 전개되는 윤곽을 그려줄 것입니다. 시가 3인칭 이야기라면 (3) 주제 단락은 사건의 간결한 요약 외에는 필요한 것이 없습니다. (4) 주제를 다루는 방법 단락은 주요 발상을 나타낼 것이고, 이 주요 발상이 어떻게 시에서 두드러지게 나타나는지, 시의 이야기 속에서 어떤 부분이 주로 강조되는지를 나타내려고 할 것입니다. 소설은 아래 항목으로 논의되어야 할 것입니다.

(1) 배경
(2) 줄거리
(3) 등장인물
(4) 논점

역사적 사건은 아래 항목으로 논의되어야 할 것입니다.

(1) 역사적 사건을 일어나게 한 것
(2) 사건 설명
(3) 역사적 사건 때문에 일어난 것

소설과 역사적 사건을 다루면서 글 쓰는 사람은 아마도 한 가지 또는 그 이상으로 세분화를 해야 할 필요성을 발견하게 될 것입니다.

대체로 한 문장으로 한 단락을 구성해서는 안 됩니다. 논설문이나 설명문의 부분 사이에서 관계를 나타내는 문장 전환이 예외일 수 있습니다. 많은 주제를 간결이 다루는 교과서, 안내서 등과 같은 글에서 이와 같은 예외가 자주 필요합니다.

대화체에서 대화 하나하나가(심지어 그 대화가 하나의 단어일지라도) 한 단락을 이룹니다. 다시 말해 새로운 단락이 화자가 새롭게 변할 때마다 이루어집니다. 이 원칙의 적용은 대화와 이야기가 결합된 잘 쓰여진 픽션과 같은 사례에서 가장 잘 드러납니다.

15. 대체로 문장의 단락은 소주제문으로 시작해서 마지막도 시작과 부합하도록 끝낸다

다시 강조하지만 목적은 글을 읽는 이를 돕기 위함입니다. 이러한 이유로 일반적으로 가장 유용한 단락(특히 설명문과 논설문)은 (a) 소주제문이 맨 처음 또는 거의 시작 부분에 있고, (b) 소주제문에 이어지는 문장에서는 소주제문에서 서술한 바를 설명하거나, 확증하거나 발전시키며 (c) 마지막 문장에서는 소주제문의 생각을 강조하거나 어떤 중요한 결과를 서술합니다. 여담이나 중요하지 않은 세부 사항과 함께 끝을 내는 것은 특별히 피해야 합니다.

긴 장문의 글쓰기에서 단락이 부분을 형성한다면 그 단락에 선행했던 부분과의 관계 또는 전체 중의 일부로서 어떤 기능을 하는지 밝혀주어야 합니다. 이는 단순히 단어나 구문(again, therefore, for the same reason 등등)으로도 주제가 담긴 문장에서 해결할 수 있습니다. 그러나 가끔 소주제문에 앞서 한두 문장을 소개나 전환의 방법으로 사용하는 것도 유용합니다. 소개나 전환의 방법으로 한 문장 이상이 필요하다면 전환의 방법으로 사용되는 문장을 하나의 단락으로 분리하는 것이 일반적입니다.

목적에 따라 글 쓰는 사람은(위에서 언급한 것처럼) 단락의 내용을 한 가지 또는 몇 가지의 다른 방식으로 소주제문과 연관시킬 것입니다. 글 쓰는 사람은 소주제문의 의미를 다른 형식으로 다시 언급, 용어 정의, 주제와 반대되는 것을 부정함으로써, 구체적인 사례를 들거나 설명함으로써 더 명확하게 보여주고자 할 것입니다. 그리고 증거를 통해 주제를 확인하거나 함축된 의미나 결과를 보여줌으로써 새롭게 주제를 시작하고자 할 것입니다. 긴 단락에서 글 쓰는 사람은 이와 같은 절차 중에 몇 가지를 진행할 것입니다.

(1) Now, to be properly enjoyed, a walking tour should be gone upon alone. (2) If you go in a company, or even in pairs, it is no longer a walking tour in anything but name; it is something else and more in the nature of a picnic. (3) A walking tour should be gone upon alone, because freedom is of the essence; because you should be able to stop and go on, and follow this way or that, as the freak takes you; and because you must have your own pace, and neither trot alongside a

champion walker, nor mince in time with a girl. (4) And you must be open to all impressions and let your thoughts take colour from what you see. (5) You should be as a pipe for any wind to play upon. (6) "I cannot see the wit," says Hazlitt, "of walking and talking at the same time. (7) When I am in the country, I wish to vegetate like the country," which is the gist of all that can be said upon the matter. (8) There should be no cackle of voices at your elbow, to jar on the meditative silence of the morning. (9) And so long as a man is reasoning he cannot surrender himself to that fine intoxication that comes of much motion in the open air, that begin in a sort of dazzle and sluggishness of the brain, and ends in a peace that passes comprehension.

Stevenson, Walking Tours.

(1) Now, to be properly enjoyed, a walking tour should be gone upon alone.

소주제문

(이제 걸어서 하는 여행을 적절히 즐기려면 혼자 떠나야 한다.)

(2) If you go in a company, or even in pairs, it is no longer a walking tour in anything but name; it is something else and more in the nature of a picnic.

주제와 반대되는 상황을 부정함으로써 주제를 명확히 합니다.

(만약 다른 사람들과 함께 한다면, 또는 심지어 두 사람이 함께 한다고 할지라도 이는 제목을 빼고는 더 이상 걸어서 하는 여행이라고 할 수 없다. 이는 그 본질이 소풍이나 그 다른 어떤 것이 되어버리는 것이다.)

(3) A walking tour should be gone upon alone, because freedom is of the essence; because you should be able to stop and go on, and follow this way or that, as the freak takes you; and because you must have your own pace, and neither trot alongside a champion walker, nor mince in time with a girl.

소주제문의 반복, 요약된 형태, 주제를 지지하는 세 가지 이유

(걸어서 하는 여행은 혼자 떠나야 하는데, 자유가 그 본질이기 때문이고, 마음대로 가다 멈추다 기분 내키는 대로 이 길 저 길로 가야 하기 때문이다. 그리고 당신의 걸음걸이를 반드시 유지해야 하기 때문이고, 걷기의 제왕 옆에서 터벅터벅 걸어야 하는 것도 아니며, 여인 곁에서 잰걸음을 해야 하는 것도 아니기 때문이다.)

(4) And you must be open to all impressions and let your thoughts take colour from what you see.

네 번째 이유를 두 가지 형식으로 언급

(그리고 당신이 받은 모든 인상에 마음을 열어야 하고 당신이 본 세상의 색깔을 당신의 생각 속으로 받아들여야 한다.)

(5) You should be as a pipe for any wind to play upon.

같은 이유를 다른 형식으로 언급

(당신은 불어오는 어느 바람에도 불리는 피리처럼 되어야 한다.)

(6) "I cannot see the wit," says Hazlitt, "of walking and talking at the same time.

해즐릿(Hazlitt)이 같은 이유를 다른 형식으로 언급

("걷기와 말하기를 함께 하는데서 오는 좋은 점이 무엇인지 모르겠다."고 해즐릿은 말했다.)

(7) When I am in the country, I wish to vegetate like the country," which is the gist of all that can be said upon the matter.

6과 동일

("내가 전원에 있을 때는 전원처럼 마치 아무 것도 하지 않고 멈추어 있고 싶다." 이것이 걸어서 하는 여행에서 말할 수 있는 모든 것의 요지인 것이다.)

(8) There should be no cackle of voices at your elbow, to jar on the meditative silence of the morning.

해즐릿의 말에서 인용한 부분의 반복, 부연 설명

(당신 곁에서 키득거리는 웃음소리가 없어야 하며, 명상에 잠기는 아침의 고요함 속에 거슬리는 소리도 없어야 한다.)

(9) And so long as a man is reasoning he cannot surrender himself to that fine intoxication that comes of much motion in the open air, that begin in a sort of dazzle and sluggishness of the brain, and ends in a peace that passes comprehension.

-Stevenson, Walking Tours.

강력하게 결론을 내리기 위해 커지고 강조된 언어로 네 번째 이유를 마지막으로 다시 언급

(이성이 앞서는 사람이라면 머리속 눈부심과 나른함에서 시작되어 지각을 넘는 평온함 속에서 끝나는 탁 트인 대기 속의 수많은 흔들림 속에서 나오는 그 좋은 도취에 빠져들지 못할 것이다.)

스티븐슨, <도보 여행>

(1) It was chiefly in the eighteenth century that a very different conception of history grew up. (2) Historians then came to believe that their task was not so much to paint a picture as to solve a problem; to explain or illustrate the successive phases of national growth, prosperity, and adversity. (3) The history of morals, of industry, of intellect, and of art; the changes that take place in manners or beliefs; the dominant ideas that prevailed in successive periods; the rise, fall and modification of political constitutions; in a word, all the conditions of national well-being became the subject of their works.

(4) They sought rather to write a history of peoples than a history of kings. (5) They looked especially in history for the chain of causes and effects. (6) They undertook to study in the past the physiology of nations, and hoped by applying the experimental method on a large scale to deduce some lessons of real value about the conditions on which the welfare of society mainly depend.

Lecky, The Political Value of History.

(1) It was chiefly in the eighteenth century that a very different conception of history grew up.

소주제문

(상당히 다른 역사관이 형성되기 시작한 것은 주로 18세기였다.)

(2) Historians then came to believe that their task was not so much to paint a picture as to solve a problem; to explain or illustrate the successive phases of national growth, prosperity, and adversity.

새로운 개념의 역사를 정의함으로써 주제가 담긴 문장을 더욱 명확히 드러내기

(역사가들은 자신들의 역할이 문제를 해결하기 위해, 즉 국가의 성장과 번영 과 난관을 성공적인 추세로 설명하거나 해설하기 위해 그림을 그리는 것과 같은 정도는 아니라고 믿기 시작한 것이다.)

(3) The history of morals, of industry, of intellect, and of art; the changes that take place in manners or beliefs; the dominant ideas that prevailed in successive periods; the rise, fall and modification of political constitutions; in a word, all the conditions of national well-being became the subject of their works.

정의한 개념의 확장

(도덕, 산업, 지성, 예술 등 각 분야별 역사, 그리고 방식이나 믿음에서 발생한 변화, 정치 체제의 변화와 흥망성쇠 등 한 마디로 국가의 성공이 달린 모든 조건이 그들의 주제가 되었다.)

(4) They sought rather to write a history of peoples than a history of kings.

대조되는 이야기로 정의한 개념을 설명

(역사가들은 왕보다 보통 사람들의 역사를 기록하려고 했다.)

(5) They looked especially in history for the chain of causes and effects.

새로운 역사관의 또 다른 요소를 개념을 정의하는 데 추가

(역사가들은 특히 원인과 결과의 사슬 관계를 역사 속에서 조명했다.)

(6) They undertook to study in the past the physiology of

nations, and hoped by applying the experimental method on a large scale to deduce some lessons of real value about the conditions on which the welfare of society mainly depend.

Lecky, The Political Value of History.

결론: 새로운 역사관의 중요한 결과

(역사가들은 과거 국가의 생리를 연구하기 시작했고, 이 실험적인 방법을 큰 규모의 범위에 적용함으로써 사회 안녕이 주로 의존하는 조건에 있는 진정한 가치로부터 교훈을 끌어내고 싶어 했다.)

<레키, 역사의 정치적 가치>

이야기나 서술에서 단락은 가끔 뒤따르는 세부 사항을 한데 모아 보여 주는 간결하고 포괄적인 서술로 시작합니다.

The breeze served us admirably.

(고맙게도 산들바람이 우리에게 불어왔다.)

The campaign opened with a series of reverses.

(선거는 역전의 연속으로 시작했다.)

The next ten or twelve pages were filled with a curious set of entries.

(다음 10쪽이나 12쪽 사이는 흥미로운 등장들로 채워져 있다.)

그러나 이와 같은 기법을 너무 자주 사용하게 되면 타성에 젖게 됩니다. 대체로 시작하는 문장은 주제와 함께 그 단락이 원칙적으로 무엇에 관련되었는지 나타냅니다.

At length I thought I might return toward the stockade.

(마침내 나는 방책을 향해 돌아가야 할지도 모른다고 생각했다.)

He picked up the heavy lamp from the table and began to explore.

(그는 테이블에 놓여 있던 무거운 등을 들었고, 주변을 살펴보기 시작했다.)

Another flight of steps, and they emerged on the roof.

(또 하나의 비행 단계였고, 그들이 지붕 위로 나타났다.)

그럼에도 활기찬 이야기의 짧은 단락은 심지어 소주제문의 형식이 없는 경우도 있습니다. 짧은 단락 사이의 단절은 수사학적인 휴지의 역할을 하며, 어떤 사건의 세부 사항을 두드러지게 합니다.

16. 명확하고, 구체적이며, 단호한 표현을 사용한다

일반적이기보다 구체적인 표현을, 모호하기보다 명확한 표현을, 추상적이기보다 실제적인 표현을 선호합니다.

A period of unfavorable weather set in.

(바람직하지 못한 날씨의 기간이 시작되었다.)

→ It rained every day for a week.

(일주일 내내 비가 내렸다.)

He showed satisfaction as he took possession of his well-earned reward.

(당연한 보수를 손에 쥐자 그는 만족감을 표시했다.)

→ He grinned as he pocketed the coin.

(그는 동전을 주머니에 넣으며 씨익 웃었다.)

There is a general agreement among those who have enjoyed the experience that surf-riding is productive of great exhilaration.

(서핑을 즐겨본 사람들 사이에서는 대체로 서핑이 큰 활기를 만들어내는 경험이라는 동의가 있다.)

→ All who have tried surf-riding agree that it is most exhilarating.

(서핑을 해본 사람 모두가 서핑이 신나는 일이라는 점에 동의한다.)

글쓰기를 공부한 사람들의 의견이 일치하는 것이 하나 있다면 글을 구체적이고, 명확하며, 추상적이지 않게 쓴다는 점입니다. 비평가들은 호

머(Homer), 단테(Dante), 셰익스피어(Shakespeare) 등과 같은 위대한 작가들의 글이 지니는 힘의 많은 부분이 지속적인 명확함과 확고함에 있다는 점을 지적합니다. 좀 더 근대의 작가인 브라우닝(Browning)의 글을 인용하여 놀라운 사례들을 많이 들 수 있습니다. <나의 전처 공작부인(My Last Duchess)>에서 인용한 부분을 예로 들자면,

> "Sir, 'twas all one! My favour at her breast,
> The bough of cherries some officious fool
> Broke in the orchard for her, the white mule
> She rode with round the terrace-all and each
> Would draw from her alike the approving speech,
> Or blush, at least,"
> (선생, 매 한가지였네! 내 애정의 표식인 가슴장식도,
> 서쪽에서 해가 떨어지는 풍경도,
> 주제도 모르는 얼간이 놈이 과수원에서 꺾어
> 그녀에게 바친 벚나무 가지도, 그녀가 올라타고
> 테라스를 돌아다닌 하얀 노새도-모두가 하나같이
> 그녀로부터 만족스러운 말을 자아냈으니까, 아니면 최소한 발그레해졌지.)

그리고 시를 끝내는 부분에서,

> "Notice Neptune, though,

Taming a sea-horse, though a rarity,

Which Claus of Innsbruck cast in bronze for me."

(그래도, 해마를 길들이는 넵튠 상 좀 보게, 정말 진품이지,

인스부르크의 클라우스가 청동으로 떠서 내게 선물했다네!)

이 시의 단어들은 그림을 떠올리게 합니다. 브라우닝의 시 <The Bishop Orders his Tomb in St. Praxed's Church>를 두고 러스킨(Ruskin)이 평한 언급을 인용하는 것이 어떻게 구체적인 세세함과 명확한 용어를 드러내는지 떠올리십시오. "르네상스의 정신 - 세속적이고, 모순적이며, 오만하고, 위선이 가득하며, 스스로를 모르고, 예술과 사치를 사랑하며, 라틴어를 사랑하던,"

산문도(구체적인 이야기나 서술적인 산문에서) 같은 방법으로 생생하게 쓸 수 있습니다. 만약 짐 호킨스(Jim Hawkins), 데이빗 발포어(David Balfour), 킴(Kim), 노스트로모(Nostromo)의 경험이 글을 읽는 셀 수 없이 많은 사람들에게 순간적으로 실제처럼 느껴지는 것으로 보인다면, 만약 칼라일(Carlyle)의 글을 읽는 것이 바스티유 감옥에 실제로 갇힌 듯 느껴진다면, 이는 글에 쓰인 단어들이 보여주는 명확함과 구체적인 세부 사항 때문인 것입니다. 세부 사항을 모두 제시해야 한다는 의미는 아닙니다. 그래야 할 목적이 없는 것만큼이나 그렇게 모든 것을 보여주는 것은 불가능할 것입니다. 그러나 글을 읽는 사람들이 그 장면을 실제처럼 상상 속에서 떠올릴 수 있도록 의미 있는 세부 사항을 모두 모호하지 않게 제시해야 합니다.

설명문이나 논설문에서 글 쓰는 사람은 마찬가지로 명확함을 잃어서는 안 되고, 심지어 일반적인 원칙을 다룰 경우라도 그 원칙에 적용되는 구체적인 사례를 들어야 합니다.

위 단락은 허버트 스펜서(Herbert Spencer)의 <Philosophy of Style>에서 인용한 것으로 다음 문장을 통해 그 원칙이 설명됩니다.

> In proportion as the manners, customs, and amusements of a nation are cruel and barbarous, the regulations of their penal code will be severe.
> (한 국가의 예절, 관습, 유흥에 있는 잔인함과 야만성에 비례하여 형법의 규칙이 가혹할 것이다.)
> → In proportion as men delight in battles, bull-fights, and combats of gladiators, will they punish by hanging, burning, and the rack.
> (사람들이 전투, 투우, 검투사의 싸움에 즐거워함에 비례하여 교수형, 화형, 고문을 통해 벌할 것이다.)

17. 불필요한 단어를 생략한다

힘 있는 문체는 간결합니다. 그림에 불필요한 선이 없고 기계에 불필요한 부품이 없는 것과 같은 이유로 문장은 불필요한 단어를 포함하지 말아야 하고, 단락에는 불필요한 문장이 없어야 합니다. 이는 글 쓰는 사람이 모든 문장을 짧게 써야 하거나 모든 세부 사항을 피하거나 글 쓰는 사람이 쓰고자 하는 주제의 개요만을 다루기를 요구하는 것이 아니라, 글 쓰는 사람이 사용하는 모든 단어가 의미를 전달하도록 요구하는 것입니다.

흔히 쓰이는 표현 중에 많은 것들이 이 원칙에 어긋납니다.

The question as to whether → whether(the question whether)

there is no doubt but that → no doubt(doubtless)

used for fuel purposes → used for fuel

he is a man who → he

in a hasty manner → hastily

this is a subject which → this subject

his story is a strange one. → His story is strange.

특히 'the fact that'이라는 표현은 모든 문장에서 쓰지 말아야 합니다.

Owing to the fact that → since(because)

in spite of the fact that → though(although)

call your attention to the fact that → remind you(notify you)

I was unaware of the fact that → I was unaware that(did not know) the fact that he had not succeeded → his failure

the fact that I had arrived → my arrival

"5장(V. 흔히 잘못 사용되는 표현과 단어들)에서 case, character, nature, system 등을 참조하십시오.
Who is, which was 등이 필요하지 않는 부분입니다.

His brother, who is a member of the same firm

→ His brother, a member of the same firm

Trafalgar, which was Nelson's last battle

→ Trafalgar, Nelson's last battle

긍정문이 부정문보다 그리고 능동적인 의견이 수동적인 의견보다 간결한 것처럼 규칙 9~11에서 많은 사례가 이 규칙을 설명해 줍니다.
간결함에 어긋나는 흔한 문장이 하나의 복잡한 생각을 단계에 따라 여러 문장으로 나열하여 나타내거나, 하나로 묶으면 유리할지도 모르는 문장을 여러 주절(independent clauses)로 나타내는 것입니다.

Macbeth was very ambitious. This led him to wish to become king of Scotland. The witches told him that this wish of his would come true. The king of Scotland at this time was Duncan. Encouraged by his wife, Macbeth murdered Duncan. He was thus enabled to succeed Duncan as king.(51 단어)

(맥베스는 매우 야심찼다. 이런 야망 때문에 스코틀랜드의 왕이 되고 싶어 했다. 마녀가 그의 바람이 이루어질 것이라고 맥베스에게 말한다. 이 시절, 스코틀랜드의 왕은 던컨이었다. 부인에게 용기를 얻어 맥베스는 던컨을 살해한다. 그렇게 맥베스는 던컨에 이어 왕위를 물려받을 수 있게 되었다.)

→ Encouraged by his wife, Macbeth achieved his ambition and realized the prediction of the witches by murdering Duncan and becoming king of Scotland in his place.(26 단어)

(부인에게 용기를 얻은 맥베스는 자신의 야망을 성취하고, 던컨을 살해함으로써 마녀의 예언을 실현하며, 던컨을 살해하고, 그의 자리를 차지해서 스코틀랜드의 왕이 됨으로써 마녀의 예언을 실현시켰다.)

There were several less important courses, but these were the most important, and although they did not come every day, they came often enough to keep you in such a state of mind that you never knew what your next move would be.(43 단어)

(중요성이 떨어지는 과정도 몇 가지 있었다. 그러나 이 과정들은 가장 중요했으며, 비록 매일 있지는 않았지만 당신이 다음에 무엇을 해야 할지 결코 알지 못하는 마음 상태를 유지하기에 충분할 만큼 있었다.)

These, the most important courses of all, came, if not daily, at least often enough to keep one under constant strain.(21 단어)

(모든 과정 중에 가장 중요한 이 과정들은 매일 있지 않았지만 적어도 긴장감을 유지하기에 충분했다.)

18. 장황한 문장을 연속해서 쓰는 것을 피한다

이 원칙은 특히 두 번째 절이 접속사나 관계사로 시작하는 두 개의 등위절로 이루어진 문장에서 적용됩니다. 물론 한 문장에서 이와 같은 유형은 나무랄 데 없지만 이 유형이 연속으로 이어지면 글이 지루하고 단조로워집니다(규칙 4 참조).

글쓰기 연습이 되지 않은 사람들이 전체 단락을 이와 같은 유형으로 구성하고, 접속사 and, but, so 등을 빈번하게 사용하며 접속사보다는 빈번하지 않지만 who, which, when, where, while을 자주 씁니다. 이 관계사들은 비제한적인 용법입니다(규칙 3 참조).

The third concert of the subscription series was given last evening, and a large audience was in attendance. Mr. Edward Appleton was the soloist, and the Boston Symphony Orchestra furnished the instrumental music. The former showed himself to be an artist of the first rank, while the latter proved itself fully deserving of its high reputation. The interest aroused by the series has been very gratifying to the committee, and it is planned to give a similar series annually hereafter. The fourth concert will be given on Tuesday, May 10, when an equally attractive programme will be presented. (정기 연주 시리즈의 세 번째 콘서트가 지난 저녁에 열렸고 많은 수의 관객이 모였다. 에드워드 애플튼씨가 독주하고, 보스턴 심포니 오케스트라가 협연했다. 에드워드 애플튼씨는 최고의 연주 솜씨를 보여주었고, 그와 동시에 보스턴 심포니 오케스트라는 명성에 걸맞는 연주 실력을 보여주었다. 이 정기 연주 시리즈로 조성된 관심에 주최측은 만족감을 보였고, 이후 이와 비슷한 정기 연주 시리즈를 기획할 것이라고 한다. 네 번째 콘서트는 5월 10일, 화요일에 열리며, 마찬가지로 매우 매력적인 공연이 열릴 것이다.)

이 글의 진부함과 공허함은 제외하고도 위 문장들은 힘이 없는데 문장의 구조적 대칭이나 가락을 포함한 문장 구조 때문입니다. 위 문장을 규칙 9에서 인용된 단락 안에 있는 문장과 대조하십시오. 또는 "허영의 시장(Vanity Fair(Before the Curtain))"의 서문과 같은 좋은 영어 산문과 비교하십시오.

글 쓰는 사람이 앞서 언급한 유형의 글을 자신이 연속해서 쓰고 있음을 발견한다면 글을 재구성해야 하고 간단한 문장으로, 두 문장을 세미콜론으로 연결된 문장으로, 두 절로 이루어진 도미문으로, 세 절(산열문이거나 도미문이거나)로 이루어진 문장으로, 그 어느 것이든지 간에 실제 관계를 가장 잘 나타내는 것으로 대체해야 합니다.

19. 대등한 생각은 유사한 형태로 정리해서 표현한다

이 병행 구조의 원칙은 유사한 내용과 유사한 기능의 표현은 표면상으로도 유사해야 함을 필요로 합니다. 닮은 형식은 글을 읽는 사람들이 내용과 기능의 닮은 점을 더 쉽게 인식할 수 있게 해줍니다. 성경의 십계명(Ten Commandments), 팔복(the Beatitudes), 주기도문의 신에게 드리는 기도(the petitions of the Lord's Prayer) 등이 익숙한 사례입니다.

글쓰기 연습이 되지 않은 사람들이 흔히 표현 형태를 다양하게 해야 한다는 잘못된 믿음 때문에 이 원칙에서 벗어납니다. 문장을 강조하기 위해 반복하는 과정에서 표현 형태를 다양하게 해야 한다는 점은 사실입니다. 그러나 그와 같은 경우를 제외하고 글 쓰는 사람은 이 원칙을 따라야 합니다.

> Formerly, science was taught by the textbook method, while now the laboratory method is employed.
>
> (이전까지 과학은 교과서를 통해 배우는 방식이었지만 반면에 지금은 실험을 통해 배우는 방법을 채택하고 있다.)
>
> → Formerly science was taught by the textbook method; now it is taught by the laboratory method.

(이전까지 과학은 교과서를 통해 배우는 방식이었고, 이제는 실험을 통해 배우는 방식이다.)

수정 전 문장은 글쓴이가 결정하지 못했거나 자신감이 없는 인상을 줍니다. 글쓴이가 한 가지 표현 형태를 선택하기 두려워하거나 하지 못하는 듯이 보이고, 이를 유지하지 못하는 듯해 보입니다. 수정 후의 문장은 적어도 글쓴이가 표현 형태를 결정하고 이를 따르는 것을 보여줍니다.

이 원칙에 따라 병렬로 쓰이는 문장의 구성 요소에 적용되는 관사나 전치사 모두가 병렬로 쓰이는 요소 중에 맨 처음 요소 앞에서만 쓰이거나 매 요소마다 쓰여야 합니다.

> The French, the Italians, Spanish, and Portuguese
> → The French, the Italians, the Spanish, and the Portuguese
>
> in spring, summer, or in winter
> → in spring, summer, or winter(in spring, in summer, or in winter)

상관관계를 나타내는 표현(both ~ and, not, but, not only~but also, either~or, first~third 등)도 같은 문법 구조를 따라야 합니다. 다시 말해 구어체의 같은 부분을 따라야 한다는 말입니다("both Henry and I, not silk

but a cheap substitute"와 같은 조합은 명백히 이 원칙을 따르는 부분입니다).
아래 사례에서 수정된 문장의 구조와 달리 잘못된 문장의 배열로 인해
이와 같은 실수가 많이 일어납니다.

It was both a long ceremony and very tedious.

→ The ceremony was both long and tedious.

(기념식은 길고 지루했다.)

A time not for words, but action.

→ a time not for words, but for action.

(말이 아니라 행동할 때)

Either you must grant his request or incur his ill will.

→ You must either grant his request or incur his ill will.

(당신은 그의 요청을 허락하든지 아니면 그의 악감정을 초래하든지 해야 합니다.)

My objections are, first, the injustice of the measure; second, that it is unconstitutional.

→ My objections are, first, that the measure is unjust; second, that it is unconstitutional.

(내가 반대하는 이유는 첫째, 정당하지 못한 방법이기 때문이고, 둘째, 법에 위반되기 때문이다.)

그리고 규칙 12의 세 번째 사례와 규칙 13의 마지막 사례를 참조하십시오.

글 쓰는 사람이 많은 수의 대등한 생각을 표현할 필요가 있다면 어떻게 해야 할지 물어볼 수도 있습니다. 예를 들어 20가지가 있다고 가정하면 글 쓰는 사람은 연속해서 같은 형태로 20가지의 문장을 써야 할까요? 글 쓰는 사람은 그 문장을 세심하게 살펴보면서 20가지의 문장이 집단으로 분류될 수 있고, 오직 매 집단에게만 이 원칙을 적용할 필요가 있으므로 그 어려움이 실제가 아니었음을 찾게 될 것입니다. 그렇지 않다면 글 쓰는 사람은 표를 작성하여 문장을 나열하여 그런 어려움을 피해야 합니다.

20. 관련된 단어들은 가까이 모은다

문장 안에서 단어의 위치는 단어들 간의 관계를 보여주는 주요 수단입니다. 따라서 글 쓰는 사람은 가능한 한, 반드시 글 쓰는 사람의 생각과 관련이 있는 단어들과 단어들로 이루어진 표현들을 한데 모아주어야 합니다. 그리고 관련이 크지 않은 단어들은 별도로 모아 주어야 합니다. 문장의 주어와 동사는 대체로 구나 절에서 떨어져 있지 않아야 합니다. 그러한 구문이나 절은 문장 맨 앞으로 옮길 수가 있습니다.

Wordsworth, in the fifth book of The Excursion, gives a minute description of this church.

→ In the fifth book of The Excursion, Wordsworth gives a

minute description of this church.

(소풍 제5편에서 워즈워드는 이 교회를 상세하게 설명한다.)

Cast iron, when treated in a Bessemer converter, is changed
into steel.

→ By treatment in a Bessemer converter, cast iron is
changed into steel.

(베서머 변환기에서 가공하여 무쇠는 철강이 된다.)

삽입구문의 단점은 불필요하게 주 문장의 자연스러운 순서를 방해하는
것입니다. 그러나 주 문장의 순서가 오직 관계절이나 동격의 표현에 따
라 중단되었을 때는 이 단점에 포함되지 않습니다. 의도적으로 긴장감
을 만들어내려는 도구로써 간섭을 이용하는 도미문도 이 단점에 포함
되지 않습니다.

관계대명사는 대체로 그 선행사 뒤에 바로 따라와야 합니다.

There was a look in his eye that boded mischief.

→ In his eye was a look that boded mischief.

(그의 눈길에서 불길한 예감이 보였다.)

He wrote three articles about his adventures in Spain, which
were published in Harper's Magazine.

→ He published in Harper's Magazine three articles about

his adventures in Spain.

(그는 하퍼 잡지에 스페인에서 겪은 모험담을 세 가지 기사로 실었다.)

This is a portrait of Benjamin Harrison, grandson of William Henry Harrison, who became President in 1889.

→ This is a portrait of Benjamin Harrison, grandson of William Henry Harrison. He became President in 1889.

(이것은 윌리엄 헨리 해리슨의 손자인 벤자민 해리슨의 초상화이다. 벤자민 해리슨은 1889년에 대통령이 되었다.)

선행사가 여러 단어로 된 집단이라면 그 관계를 모호하게 하지 않는 이상, 관계대명사는 그 단어 집단의 맨 뒤에 따라옵니다.

The Superintendent of the Chicago Division, who...

(시카고 지부의 감독관)

A proposal to amend the Sherman Act, which has been variously judged.

→ A proposal, which has been variously judged, to amend the Sherman Act.

(셔먼은 매입조례를 개정하자는 (다양하게 해석되는) 제안)

→ A proposal to amend the much-debated Sherman Act.

(논란이 많은 셔먼은 매입조례를 개정하자는 제안)

The grandson of William Henry Harrison, who

→ William Henry Harrison's grandson, who

동격 명사가 선행사와 관계사 사이에 올 수 있는데, 이런 조합에서 아무런 모호함도 일어나지 않기 때문입니다.

The Duke of York, his brother, who was regarded with hostility by the Whigs.

(영국 휘그당에 적대적인 것으로 여겨지는 요크 지방의 공작인 그의 형)

한정사는 가능하다면 그 한정하려는 단어 옆에 있어야 합니다. 여러 단어로 이루어진 표현이 같은 단어를 한정한다면 단어 간의 관계가 잘못 암시되지 않도록 배열해야 합니다.

All the members were not present.

(모든 구성원이 모이지 않았다.)

→ Not all the members were present.

(구성원이 모두 모인 것은 아니었다.)

He only found two mistakes.

(그는 두 가지 실수를 오직 찾았다.)

→ He found only two mistakes.

(그는 오직 두 가지 실수를 찾았다.)

Major R. E. Joyce will give a lecture on Tuesday evening
Bailey Hall, to which the public is invited, on "My
Experiences in Mesopotamia" at eight P. M.

(조이스 대령이 베일리 강당에서 화요일 저녁, 일반인이 초대된 "나의 메소포
타미아 경험기"를 주제로 한 강연을 8시에 할 것이다.)

→ On Tuesday evening at eight P. M. Major R. E. Joyce
will give in Bailey Hall a lecture on "My Experiences in
Mesopotamia." The public is invited.

(화요일 저녁 8시, 조이스 대령이 "나의 메소포타미아 경험기"를 주제로 한 강
연을 한다. 일반인들이 초대된다.)

21. 글을 요약할 때 한 가지 시제를 사용한다

글을 요약하면서 글 쓰는 사람은 언제나 현재형을 사용해야 합니다. 시,
이야기, 소설을 요약하면서 글 쓰는 사람은 현재형을 선호해야 하지만
경우에 따라 과거형을 쓸 수도 있습니다. 요약이 현재형이라면 선행하
는 사건은 완료형으로 표현해야 합니다. 요약이 과거형이라면 선행하는

사건은 과거완료형으로 표현해야 합니다.

As unforeseen chance prevents Friar John from delivering
Friar Lawrence's letter to Romeo. Meanwhile, owing to
her father's arbitrary change of the day set for her wedding,
Juliet has been compelled to drink the potion on Tuesday
night, with the result that Balthasar informs Romeo of her
supposed death before Friar Lawrence learns of the non-
delivery of the letter.

(예측하지 못한 우연 때문에 존 수도사는 로렌스 수도사가 쓴 편지를 로미오
에게 전달할 수 없었다. 한편 줄리엣의 결혼식 날짜를 아버지가 임의로 바꾸
는 바람에 줄리엣은 어쩔 수 없이 물약을 화요일에 마셔야 했고, 그 결과로 로
렌스 수도사가 자신의 편지가 전달되지 못했음을 알기 전에 발타르르는 줄리
엣의 가짜 죽음을 로미오에게 알렸다.)

그러나 요약에서 어떤 시제가 사용되든지 간에 간접 화법이나 간접 질
문에 쓰이는 과거형은 바뀌지 않습니다.

The Friar confesses that it was he who married them.

(그들을 결혼시킨 사람이 그임을 수도사가 자백했다.)

앞서 언급한 예외를 제외하고 글 쓰는 사람이 어떤 시제를 선택하든지

간에 일관성을 유지해야 합니다. 시제가 바뀌면 불확실하고 우유부단한 인상을 주게 됩니다(규칙 21와 비교하십시오).

에세이를 요약하거나 연설할 때와 마찬가지로 다른 사람의 생각이나 진술을 나타낼 때 글 쓰는 사람은 "he said, he stated, the speaker added, the speaker then went on to say, the author also thinks" 등과 같은 표현을 끼워 넣는 것을 피해야 합니다. 글 쓰는 사람은 도입부에서 단호하고 명백하게 다음에 나오는 것이 요약임을 알려야 합니다. 그리고 이와 같은 알림의 단어를 반복하여 허비하지 않도록 해야 합니다.

노트, 신문, 문학 작품 안내서 등에서 여러 종류의 요약이 필요하다. 초등학교에 다니는 어린이들에게 어린이의 눈높이에 맞춘 단어로 다시 쓰인 요약과 같은 경우는 유용한 사례입니다. 그러나 문학 비평가나 칼럼니스트는 요약이 습관처럼 되지 않도록 주의해야 합니다. 글 쓰는 사람은 한 두 문장으로 그가 논의하고자 하는 작품의 주제나 상황의 전개를 나타낼 필요가 있을 수도 있고, 문학 작품의 수준을 설명하는 수많은 세부 사항을 언급할 수도 있습니다. 그러나 글 쓰는 사람은 작품의 일부를 언급하는 요약이 아니라 증거에 입각하여 정돈된 논의를 쓰는 것을 목표로 삼아야 합니다. 이와 유사하게 논의의 범위가 다수의 작품을 포함한다면 글 쓰는 사람은 대체로 그 논의를 단순히 연대에 맞추어 하나로 줄이는 것이 아니라 시작부터 일반적인 결론을 내리는 것을 목표로 삼는 것이 좋습니다.

22. 문장을 강조하는 표현은 '문장의 끝'에서 사용한다

문장 안에서 글 쓰는 사람이 강조하기를 바라는 표현이나 대상이 있어
야 할 가장 적절한 위치는 보통 '문장의 끝'입니다.

> Humanity has hardly advanced in fortitude since that time,
> though it has advanced in many other ways.
> (이후로 인류는 용기라는 측면에서 거의 진보하지 못했지만,
> 여러 다른 측면에서 진보해 왔다.)
> → Humanity, since that time, has advanced in many other
> ways, but it has hardly advanced in fortitude.
> (그 후로 여러 측면에서 인류는 진보해 왔지만, 용기라는 측면에서는 거의 진
> 보하지 못했다.)

> The steel is principally used for making razors, because of
> its hardness.
> (철이 면도기를 만드는데 주로 이용되는데, 철의 경도 때문이다.)
> → Because of its hardness, this steel is principally used in
> making razors.
> (철의 경도 때문에 철은 주로 면도기 제조에 사용된다.)

강조되는 자리에 있어야 할 단어 또는 여러 단어로 이루어진 표현은 보

통 논리적인 술부인데, 다시 말해 두 번째 사례에서 보이는 것처럼 문장에서 새로운 요소를 말합니다.

도미문의 효과는 주요 서술에 부여하는 강조로부터 나옵니다.

> For centuries ago, Christopher Columbus, one of the Italian mariners whom the decline of their own republics had put at the service of the world and of adventure, seeking for Spain a westward passage to the Indies as a set-off against the achievements of Portuguese discoverers, lighted on America.
>
> (수세기 전에 자신의 공화국이 쇠락하면서 세상을 탐험하는 일에 뛰어들게 되었고, 포르투갈의 탐험가들이 성취한 업적에 대항하여 스페인을 위해 인도로 향하는 서쪽 통로를 찾던 이탈리아의 뱃사람인 크리스토퍼 콜럼버스가 아메리카 대륙을 우연히 발견한다.)

> With these hopes and in this belief I would urge you, laying aside all hindrance, thrusting away all private aims, to devote yourself unswervingly and unflinchingly to the vigorous and successful prosecution of this war.
>
> (이와 같은 희망과 함께 제가 여러분께 촉구하는 바는 이 믿음 속에서 여러분이 사적인 목표를 제쳐두고 모든 방해를 물리치면서 헌신하여 이 전쟁을 있는 힘을 다해 성공적으로 추진하는 것입니다.)

문장 안에서 또 다른 강조의 위치는 문장의 시작 부분입니다. 문장에서 주어를 제외하고 어느 요소라도 문장이 시작되는 부분에 놓이면 강조됩니다.

Deceit or treachery he could never forgive.
(기만과 배반은 그가 결코 용서할 수 없다.)

So vast and rude, fretted by the action of nearly three thousand years, the fragments of this architecture may often seem, at first sight, like works of nature.
(너무 방대하고 거칠어서(거의 3천 년 동안의 작용이 무늬를 만들어낸), 이 건축의 파편들이 처음에 얼핏 보기에는 자연의 작품으로 보일지도 모른다.)

문장이 시작되는 부분에 나오는 주어가 강조될 수 있지만, 단지 그 위치 때문은 아닙니다. 다음의 문장을 살펴보자.

Great kings worshipped at his shrine,
(성지에서 숭배 받는 위대한 왕들,)

kings의 강조는 주로 문장의 맥락 속에서 이 단어에 있는 의미 때문에 일어납니다. 특별히 강조하려고 한다면 문장의 주어는 술부 자리를 차지해야 합니다.

Through the middle of the valley flowed a winding stream.

(굽이치는 물결이 계곡 한 복판을 통해 흘렀다.)

가장 강조되어야 할 부분으로 가장 적절한 장소는 문장의 끝이라는 원칙은 단어로 이루어진 문장, 문장으로 이루어진 단락, 단락으로 이루어진 글 모두 동일하게 적용됩니다.

23. 한편의 글쓰기에 있어 자신의 주장이 담긴 'Thesis Statement'를 서론에 언급한다

'Thesis Statement'란 쉽게 말해 자신이 글을 통해 강조하고자 하는 주제가 투영된 문장입니다. 이 문장을 서론에 언급함으로써 독자들에게 본론과 결론에 이어질 내용의 추론을 용이하게 하며, 각 단락 간의 내용적 연계성을 강화합니다.
한 편의 글에 있어서 Thesis Statement가 갖춰야 할 조건은 다음과 같습니다.

1) Thesis Statement는 글의 청사진(Blue Print)이 되어야 한다. 청사진이란 세부적 작업에 앞서 어떠한 큰 그림이 그려질지에 대한 사전제시이다.

따라서 Thesis Statement를 글의 도입부에 밝힘으로서 자신이 이 글을 통해 주장하고자 하는 바를 독자들에게 명확하게 밝히는 것은 설득력 있는 글을 위해 매우 중요한 절차이다.

2) 자신의 주장은 일정 부분에 가치판단과 타인과의 이견이 생길 수 있는 내용을 담고 있어야 한다. (The thesis statement or main claim must be debatable.)

다시 말하면, 절대적인 불편의 법칙 혹은 진리는 이견의 여지가 없기에 독자들을 설득시키거나 자신의 글의 주장하는 바를 약화시키게 하는 의미 없는 사실의 나열이 됩니다.
다음의 예를 보세요.

> ex) Pollution is bad for the environment.
>
> (오염은 환경에 나쁘다.)

위의 문장에 토를 달거나 다른 견해를 제시할 것이 있을까요? 오염이라는 자체가 부정적이고, 어떠한 연구 혹은 학자들의 주장을 살펴보더라도 문제가 확실한 사실입니다. 따라서 이러한 문장은 thesis statement로 매우 좋지 않은 예입니다.
아래의 문장을 통해 좀 더 나은 thesis statement를 살펴보세요.

At least 20 percent of the federal budget should be spent on limiting pollution.

(연방정부 예산의 최소 20%가 오염을 억제하는 데 사용되어야 한다.)

출처: https://owl.english.purdue.edu/owl/resource/588/01/

위 문장은 오염을 바라보는 시각에 따라 상당히 다른 이견을 가져올 수 있으며, 충분한 논쟁거리의 소재를 제시하고 있다. 오염 억제를 위해 연방정부 예산액을 얼마로 할지는 그 지역과 계층 및 관련 산업종사자들에 따라 많은 의견이 존재할 수 있기 때문입니다.

3) The thesis statement는 구체적이어야 한다.

한편의 중심 생각을 언급하는 'thesis statement'는 그 내용이 간결해야 함은 물론이고 구체적이여야 합니다. 지나치게 광범위한 내용 혹은 지나치게 좁은 내용은 주제문으로서 좋지 않습니다.
다음의 예를 살펴보세요.

Drug use is detrimental to society.

(약물사용은 사회에 유해하다.)

출처: https://owl.english.purdue.edu/owl/resource/588/01/

위의 문장은 언뜻 보기에 사실적 관계에 기초한 것처럼 보입니다. 하지만 규정될 수 있는 범위가 지나치게 넓습니다. 구체적으로 어떠한 약물의 사용이 해로운 것인지? 모든 약물 사용이 해로운 것인지? 약물에 사용이 사회에 어떠한 해약을 끼치는지? 여기서 말하는 사회란 어디를 말하는 것인지? 위에서 언급한 질문을 구체적인 사실을 적시할 것을 강조하고 있습니다. 따라서 일반적인 상식 및 사실에 근거한 광범위 하고 모호한 내용은 The thesis statement에 적합하지 않습니다.

아래의 문장을 통해 좀 더 나은 thesis statement를 살펴보겠습니다.

> Illegal drug use is detrimental because it encourages gang violence.
>
> (불법적인 약물의 사용은 폭력을 유발하기에 나쁘다.)

위의 문장은 어떠한 약물 사용이 해로운지 그리고 불법적인 약물 사용이 왜 해로운지에 대한 구체적인 이유를 언급하고 있습니다. 이를 통해 본론과 결론에 걸쳐 글쓴이는 불법적인 약물의 사용과
사용현황 그리고 불법적 약물로 야기되는 폭력의 통계적 수치와 같은 근거를 통해 자신의 주장을 독자들에 설득력 있게 제시할 수 있습니다.

24. 결론부에 등장하는 'Additional Comment'는 글의 세련됨과 균형성을 확보해 준다

다음과 같은 문장의 결론을 살펴보세요.

ⓐ In my opinion, this change in language that we are seeing today is inevitable.
(나의 견해는 우리가 오늘날 목격하는 언어의 이러한 변화는 불가피하다.) It either has to be accepted or fought against until we see another trend. Kirkland (2008) suggests that if teachers examined closely the writing styles on social media networks, they would be able to understand and follow this trend that the language is changing into. Kirkland doesn't suggest that the teachers accept and incorporate the new trend in language, but to simply examine and analyze the change to better understand the shift in grammar (Kirkland, 2008). ⓑ Although such change is inevitable, it does not mean that all grammatical rules should be discarded. (비록 그러한 변화가 불가피하지만, 모든 문법적인 규칙이 폐기되어야 함을 의미하는 것은 아니다.) ⓒ I fully support that teachers should teach their students to use proper grammar in constructing sentences and ideas. (나는 선생님들이 그들의 학생에게 문장과 생각을 구성하는 적절한 문법을 가르쳐야 한다는 것에는 완전히 동의한다). However, the lingo used via internet should

not be overlooked. It is only a matter of time before we start using abbreviations, different punctuations, and different vocabulary used in everyday language. Because the internet has grown ubiquitous over a very short period of time, it has not allowed the teachers and students to prepare accordingly for this drastic change in lifestyles. The best that we can do now is prepare students in the best was possible to gradually accept and learn to adapt to this new form of language that we see on the internet.

위의 밑줄 친 '@ 문장'은 서론과 본론을 통해 제시된 근거를 통해 결론에 자신의 주장을 명확하게 정리하여 제시하였습니다. 하지만 자신의 주장에 대한 일방적인 전개 혹은 지나치게 강한 설득적 논조는 읽는 사람으로 하여금 글 자체의 균형성이 너무 치우치는 느낌을 전달합니다. 'ⓑ~ⓒ'와 같은 additional comments는 자신의 주장을 일방적으로 옳다고 주장하지 않고, 일반적인 규칙과 사실에 대해서는 자신도 동의한다는 취지의 내용입니다. 이러한 내용은 자신이 주장하는 바가 한쪽의 사실에 치우친 편향된 것이 아니다 라는 논리적 균형을 확보해 주고 독자로 하여금 내용에 중립성과 설득력을 더욱 배가시키는 효과가 있습니다.

IV

글쓰기 형식에서 몇 가지 지켜야 할 사항

제목

원고의 표제나 제목 다음 줄은 여백을 남기거나 그와 동등한 공간을 남겨 두어야 합니다. 이어지는 다음 쪽에서 밑줄이 있는 종이를 사용한다면 첫 번째 줄에서 시작합니다.

숫자

날짜 또는 다른 연속되는 숫자는 철자로 표기하지 않습니다. 아라비아 숫자 또는 로마 표기법을 표현하는 것이 적절합니다.

August 9, 1918(9 August 1918)

Rule 3

Chapter Ⅷ

Infantry

괄호

괄호를 사용한 표현을 포함하는 문장은 마치 괄호 부분이 없다는 듯이 괄호 외부에서 구두점을 찍습니다. 괄호 안의 표현은 마침표(물음표나 느낌표는 생략하지 않음)를 생략하는 경우를 제외하고 마치 단독으로 존재하는 것처럼 구두점을 사용합니다.

I went to his house yesterday (my third attempt to see him), but he had left town.
(나는 어제 그의 집에 들렀지만(그를 보려고 세 번째 시도한), 그는 마을을 떠나고 없었다.)

He declares (and why should we doubt his good faith?) that he is now certain of success.
(그는 이제 성공이 분명하다고 선언한다(그리고 우리가 왜 그의 선의를 의심해야 할까?).

완전히 분리된 표현이나 문장이 괄호 안에 있으면 마침표는 괄호를 닫는 표시 앞에 옵니다.

인용

문서상의 증거로 사용되는 공식 인용은 콜론으로 시작되고, 인용 부호로 포함해야 합니다.

> The provision of the Constitution is: "No tax or duty shall
> be laid on articles exported from any state."
> (헌법 조항은 다음과 같다. "각 주로부터 수출된 품목에는 세금이나 관세가
> 부과되지 않는다.")

문법상 동격인 인용이거나 동사의 직접 목적어가 되는 인용은 쉼표가 선행하고, 인용 부호로 포함해야 합니다.

> I recall the maxim of La Rochefoucauld, "Gratitude is a
> lively sense of benefits to come."
> (나는 프랑수와 라 로슈푸코의 격언을 회상하곤 하는데, "감사는 앞으로 받게
> 될 혜택을 생기 있게 느끼는 것이다.")

> Aristotle says, "Art is an imitation of nature."
> (아리스토텔레스가 말하길, "예술은 자연의 모방이다.")

줄 전체 또는 그 이상, 절 전체를 인용할 경우에는 새로운 줄에서 시작하거나 가운데 맞춤을 합니다. 그러나 이 경우에는 인용 부호를 포함하

지 않습니다.

> Wordsworth's enthusiasm for the revolution was at first unbounded: Bliss was it in that dawn to be alive, But to be young was very heaven!
>
> (프랑스 혁명을 향한 워즈워드의 열렬한 환호는 처음에 거의 무한했다. "그 새벽에 살아있었다는 것은 축복이었다. 그러나 젊다는 것은 더 없는 행복이었다!")

that으로 시작하는 인용은 간접 화법으로 간주하여 인용 부호를 포함하지 않습니다.

> Keats declares that beauty is truth, truth beauty.
>
> (영국 시인 키츠는 아름다움이란 진실하고도 진실한 아름다움이라고 단언했다.)

문학에서 기원한 잘 알려진 표현이나 익숙한 구절은 인용 부호를 필요로 하지 않습니다.

> There are the times that try men's souls.
>
> (인간의 영혼을 시험하는 시절이다.)

> He lives far from the madding crowd.
>
> (그는 성난 대중으로부터 멀리 떨어져 지낸다.)

구어적 표현이나 비속어의 경우에도 마찬가지입니다.

참조

정확한 참조를 요구하는 학술 논문에서 빈번하게 쓰이는 표제를 축약하십시오. 표제는 글의 끝 부분에서 알파벳으로 완전한 목록이 요구됩니다. 일반적인 관행으로 참조는 괄호를 사용하거나 주석을 달아야 하며 문장 안에서 사용하지 않습니다. act, scene, line, book, volume, page 등의 단어는 전체 중 오직 하나를 언급하는 경우를 제외하고 이와 같은 단어는 생략합니다. 아래와 같이 구두점을 찍습니다.

In the second scene of the third act

→ In III.ii

(문장의 적절한 위치에서 단지 III.ii에 괄호를 사용하여도 좋습니다)

After the killing of Polonius, Hamlet is placed under guard (IV. ii. 14).

폴로니어스를 죽인 후에 햄릿은 감금 상태에 놓였다(iv.ii.14).

"2 Samuel" i:17-27

"Othello" II. iii. 264-267, III. iii. 155-161.

분절

한 줄이 끝날 때 한 단어의 철자 모두를 쓰지 못하고 음절 중에 하나 또

는 그 이상의 음절만을 쓸 공간이 있을 때, 긴 단어의 알파벳 철자 한 개
나 두 개를 분절하는 경우를 제외하고 단어를 분절합니다. 모든 단어에
엄격한 규칙이 적용되는 것은 아닙니다. 가장 흔하게 적용되는 규칙은
다음과 같습니다.

(a) 단어의 형태에 따라 나눈다

> know-ledge(not knowl-edge), Shake-speare(not Shakes-
> peare),
> de-scribe(not des-cribe), atmo-sphere(not atmos-phere);

(b) "모음에서" 나눈다

> edi-ble(not ed-ible); propo-sition; ordi-nary; espe-cial; reli-
> gious;
> oppo-nents; regu-lar; classi-fi-ca-tion (three divisions
> allowable);
> deco-rative; presi-dent

(c) 단순한 형태로 단어 끝에서 끝나는 경우를 제외하고 두 번 연속으로 사
용되는 철자 사이를 나눈다

Apen-nines; Cincin-nati; refer-ring; but tell-ing

(d) 단어 끝의 ed에서 e가 묵음이라면 ed 앞에서 나누지 않는다

treat-ed(but not roam-ed or nam-ed)

철자 조합에서 자음 처리는 다음의 사례가 가장 잘 보여줍니다.

For-tune; pic-ture; sin-gle; presump-tuous; illus-tration; sub-stan-tial(either division); indus-try; instruction; sug-ges-tion; incen-diary

편집이 잘된 어느 책이라도 조심스럽게 살펴본다면 많은 부분에서 음절 단위 나누기를 찾아볼 수 있을 것입니다.

표제

문학 작품이나 학술 문서에서 선호되는 표제는 대문자로 시작되는 이탤릭체입니다. 출판이나 편집에서 다양하게 이를 다루는데 어떤 이는 대문자로 시작하는 이탤릭체를, 어떤 이는 인용 부호 없이 대문자로 시작되는 로마체를 선호하기도 합니다. 다른 방식을 사용하는 정기간행물에 글을 쓰는 경우를 제외하고 이탤릭체를 사용합니다(밑줄로 원고에서 지시된 것처럼). 표제가 소유격일 경우에는 관사 A나 The를 생략합니다.

The Iliad

The Odyssey

As You Like It

To a Skylark

The Newcomes

A Tale of Two Cities → Dickens's Tale of Two Cities

V

흔히 잘못 사용되는 표현과 단어들

이 부분에 있는 목록에 있는 어떤 영어 표현이나 단어들은 완전히 잘못
된 영어입니다. 부정사를 끊는 것과 같은 경우들은 나름의 옹호자들이
있기도 합니다. 그러나 이 목록은 적어도 일반적으로 사용하기에 바람
직하지 않은 것이 중론입니다. case, factor, feature, interesting, one
of the most 등과 같은 경우는 여전히 나름의 역할이 있지만 계속해서
그런 표현들이 들어가서는 안 될 곳에 끼어 있습니다. 글 쓰는 사람이
자신의 생각을 정확하게 표현하려고 시작 부분부터 이를 의도했다면,
그리고 이미 관용화된 표현을 쓰는데 만족하기를 거부한다면(관용 표현
을 쓰면서 생기는 문제로부터 글 쓰는 사람을 구해줄), 윗부분 마지막에 언급
한 표현들은 그 사람에게 약간의 문제가 될 것입니다. 그러나 글 쓰는

사람이 이와 같은 표현 중에 어떤 것을 사용한 부주의한 순간을 발견한다면 적절한 절차는 단어나 여러 단어로 이루어진 표현으로 그 문장을 대체하여 대략 보완하려는 것이 아니라 완전히 새롭게 이 문장을 재구성해야 합니다. 아래에서 그와 같은 많은 사례들이 있고, 그 외에 규칙 12와 13에도 사례들이 있습니다.

All right

익숙한 구어체에서 쓰이는 관용 표현으로 "Agreed, Go ahead"와 같은 의미로 쓰이는 별도의 구입니다. 그 외의 의미로 사용은 피해야 합니다. 그리고 글로 쓸 때는 항상 두 단어를 나누어 주어야 합니다.

As good or better than

이런 유형의 표현은 문장을 재편성하여 수정해야 합니다.

> My opinion is as good or better than this.
> → My opinion is as good as his, or better(if not better).
> (내 의견은 그의 의견만큼 좋고, 또는 더 낫다(더 낫지 않더라도).

As to whether

whether만으로 충분합니다.

Bid

to 없이 원형부정사를 목적어로 취합니다. 과거형은 "명령했다"는 의미에서 bade입니다.

But

doubt와 help 뒤에서 필요하지 않습니다.

> I have no doubt but that
> → I have no doubt that

> He could not help see but that
> → He could not help seeing that

접속사 but을 너무 자주 사용하면 잘못된 문장을 이끌 수 있습니다. 접속사 but이 포함된 산열문은 언제나 although, as를 사용하는 도미문으로 바꿀 수 있습니다.
특히 다음 사례에서 사용된 but은 대조에 대조를, 조건에 조건을 만들어 어색한 문장이 됩니다. 이와 같은 문장은 재배열을 통해 쉽게 수정될 수 있습니다.

> America had vast resources, but she seemed almost wholly
> unprepared for war. But within a year she had created an

army of four million men.

(미국에는 방대한 천연 자원이 있었다. 그러나 전쟁에 전혀 준비가 되어 있는 것으로 보이지 않았다. 그러나 1년 만에 4백만 명의 군대를 조직했다.)

→ American seemed almost wholly unprepared for war, but she had vast resources. Within a year she had created an army of four million men.

(미국은 전쟁에 전혀 준비가 되어 있는 것으로 보이지 않았지만 방대한 천연 자원이 있었다. 1년이 채 지나기 전에 미국은 4백만 명의 군대를 조직했다.)

Can

가능의 의미(am, is, are able)다. 허락(may)의 의미로 쓰지 말아야 합니다.

Case

옥스퍼드 사전(The Concise Oxford Dictionary)은 이 단어의 뜻을 다음과 같이 풀이합니다. "instance of a thing's occuring, usual state of affairs". 이 두 가지 의미에서 이 단어는 불필요합니다.

In many cases, the rooms were poorly ventilated.

(여러 경우에서 방들은 환기가 제대로 되지 않았다.)

→ Many of the rooms were poorly ventilated.

(많은 방들이 환기가 제대로 되지 않았다.)

It has rarely been the case that any mistake has been made.

(어떤 실수가 일어난 경우는 거의 드물었다.)

→ Few mistakes has been made.

(실수는 거의 일어나지 않았다.)

Certainly

어떤 작가들이 무분별하게 사용하며 그 외 많은 이들이 어떤 문장 또는 모든 문장을 강조하려고 very의 의미로 사용합니다. 이런 종류의 타성 은 구어체에서 좋지 않으며 문어체에서는 더욱 좋지 않습니다.

Character

흔히 단순하게 불필요한 단어이며 장황하게 말을 늘어놓는 습관입니다.

Acts of a hostile character → hostile acts

claim, vb

목적어와 함께 lay claim to(소유권을 주장하다)의 뜻입니다. 이 의미 가 충분히 있는 경우에 종속절과 함께 쓰일 수 있습니다(그러나 여전히 "claimed to be"가 낫습니다).

He claimed that he was the sole surviving heir.

(그는 자신이 살아있는 유일한 상속인이라고 주장했다.)

Declare, maintain, charge 대신에 사용하지 말아야 합니다.

Clever

상당히 오용하는 단어입니다. 소소한 일에 재간을 발휘하는 경우로 그 쓰임새를 제한해야 합니다.

Compare

compare to는 근본적으로 다른 부류의 것으로 여겨지는 대상 사이에서 닮은 점을 가리키거나 암시하는 것입니다. compare with는 근본적으로 같은 부류의 것으로 여겨지는 대상 사이에서 다른 점을 가리키는 것입니다.

Life has been compared to a pilgrimage, to a drama, to a battle.

(삶은 순례, 연극, 전투와 그 닮은 점에서 비교될 수 있다.)

Congress may be compared with the British Parliament.

(국회는 영국 의회와 그 다른 점에서 비교될 수 있다.)

Paris has been compared to ancient Athens. It maybe compared with modern London.

(파리는 고대 아테네와 그 닮은 점에서 비교될 수 있다. 파리는 아마도 현대 런던과 다른 점에서 비교될 수 있다.)

Consider

"believe to be"의 의미로 쓰일 때는 as가 뒤따르지 않습니다.

> I consider him thoroughly competent.
>
> (나는 그가 능력이 충분히 된다고 믿는다.)

다음과 비교해 보십시오.

> The lecturer consider Cromwell first as soldier and second as administrator.
>
> (그 강의는 먼저 크롬웰을 군인으로 먼저 논의한 후에 다음으로 행정가로서 논의한다.)

여기서 consider의 의미는 "examined, discussed"입니다.

Data

phenomena, strata와 같이 s/-es로 끝나는 게 아닌 '-a'로 끝나는 복수형입니다.

※ bacterium → bacteria   datum → data

> These data were tabulated.
>
> (데이터는 표로 작성되었다.)

Dependable

reliable, trustworthy의 불필요한 대체 표현입니다.

Different than

사용해서는 안 됩니다. Different from이나 other than, unlike를 써야
합니다.

Divided into

composed of의 의미로 잘못 사용하지 말아야 합니다. 명확하게 구분
하기가 쉽지는 않습니다.

> Doubtless plays are divided into acts, but poems are
> composed of stanzas.
>
> (의심할 여지없이 연극은 막으로 나누어져 있으나, 시는 연과 행으로 구성되어 있다.)

Due to

부사구에서 through, because of, owing to의 의미로 잘못 쓰입니다.

> He lost the first game, due to carelessness.
>
> [→ He lost the first game, because of carelessness. (O)]
>
> (그는 부주의했기 때문에 첫 번째 경기에서 졌다.)

올바른 사용은 형용사의 서술 용법이나 한정 용법으로써 특정 명사와 관련이 있습니다.

> This invention is due to Edison.
>
> (이 발명은 에디슨에게서 기인한다.)
>
> Losses due to preventable fires.
>
> (예방할 수 있었던 화재 때문에 발생한 손실)

Effect

명사로써 result의 의미입니다. 부사로써 bring about의 의미입니다(to influence의 의미인 affect와 혼동해서는 안 됩니다).

명사로써 패션, 음악, 그림, 기타 예술 분야의 글쓰기에서 형식적으로 느슨하게 쓰이는 명사입니다.

> An Oriental effect, effects in pale green, very delicate effects, broad effects, subtle effects, a charming effect was produced by 등.

글로 명확하게 의미를 표현하는 사람은 이런 모호한 표현 속에서 피난 처를 구하지 않습니다.

Etc.

and, rest, so forth와 동의어입니다. 그리고 따라서 이 중에 하나라도 적당하지 않다면 이용되지 않는데, 다시 말해 글을 읽는 사람이 어떤 중요한 상세 사항에 의문을 갖는다면 말입니다. 이미 완전히 주어진 목록의 마지막 용어로 쓰일 때, 또는 인용의 끝에서 추상적인 단어들의 마지막 용어로 쓰일 때 반대가 가장 적을 것입니다.

Such, as, for example 또는 어떤 유사한 표현으로 시작되는 목록의 끝에서 etc.를 사용하는 것은 틀린 방법입니다.

Fact

직접 검증할 수 있는 종류의 문제에 사용합니다. 판단의 문제에 사용하지 않습니다. 특정일에 특정 사건이 일어났다거나 특정 온도에서 납이 녹는다거나 등의 사실을 말합니다. 그러나 나폴레옹이 가장 위대한 근대의 장군이다든지, 캘리포니아의 기후는 온화하다는 등의 결론은 그 결론이 아무리 사실에 부합한다하더라도 적절한 사실이라고 언급하지 않습니다.

Factor

진부한 표현입니다. 이 단어가 일부를 차지하는 표현은 보통 더 직접적이고 관용적인 표현으로 대체할 수 있습니다.

> His superior training was the great factor in his winning the match.
>
> (그의 뛰어난 훈련이 시합에서 승리를 가져다 준 커다란 요소이다.)

→ He won the match by being better trained.

(그는 뛰어난 훈련 덕분에 시합에서 이겼다.)

Heavy artillery has become an increasingly important factor
in deciding battles.

(강력한 포병은 점점 더 전투를 결정하는 중요한 요소였다.)

→ Heavy artillery has played a constantly larger part in
deciding battles.

(강력한 포병은 전투를 결정하는데 계속해서 중요한 역할을 해왔다.)

Feature

또 하나의 진부한 표현입니다. factor와 마찬가지로 문장 중에 사용될
때 아무 의미도 추가하지 않습니다.

A feature of the entertainment especially worthy of mention
was the singing of Miss A.

(그 공연의 특징 중에 특별히 언급할 가치가 있는 부분은 A양의 노래였다.)

→ Better use the same number of words to tell what Miss A sang,
or if the programme has already been given, to tell how she sang.

(A양이 무슨 노래를 불렀는지 언급함에 그 만큼의 단어를 써야 할 것이다. 또
는 공연 내용을 이미 알았다면 그녀가 어떻게 불렀는지 언급함에 그 만큼의
단어를 써야 할 것이다.)

동사로 쓰일 때, 특별한 볼거리로써 광고적인 의미인 offer로 사용함은
피해야 합니다.

Fix

미국 내의 일상 대화체에서 arrange, prepare, mend의 의미입니다. 글
쓰기에서는 의미를 fasten, make firm, immovable 등으로 제한합니다.

Get

일상 대화체에서 쓰이는 have got을 have 대신 글쓰기에서 사용해서는
안 됩니다. 바람직한 분사는 got입니다.

He is the man who

또 하나의 불필요한 표현입니다.

> He is a man who is very ambitious.
>
> (그는 야망이 매우 큰 사람이다.)
>
> → He is very ambitious.
>
> (그는 야망이 크다.)

규칙 13

> Spain is a country which I have always wanted to visit.
>
> (스페인은 내가 언제나 가보고 싶은 나라이다.)

→ I have always wanted to visit Spain.

(나는 언제나 스페인에 가고 싶다.)

However

nevertheless의 의미로 문장이나 절의 맨 앞에 오지 않습니다.

The roads were almost impassable. However, we at last succeeded in reaching camp.

→ The roads were almost impassable. At last, however, we succeeded in reaching camp.

(그 길은 거의 지나갈 수가 없었다. 그럼에도 마침내 우리는 캠프에 도착하는 데 성공했다.)

however가 문장의 맨 앞에 올 경우에는 whatever way 또는 whatever extent의 의미입니다. 'however + 주어 + 동사'의 어순으로 연결됩니다.

However you advise him, he will probably do as he thinks best.

(어떤 식으로 당신이 그에게 충고를 한다고 해도 그는 아마 자신이 최고라고 생각하는 대로 할 것입니다.)

However discouraging the prospect, he never lost heart.

(아무리 희망을 꺾으려 해도 그는 결코 낙담하지 않을 것이다.)

Interesting

형식적인 소개의 방법으로 이 단어를 사용하는 것은 피해야 합니다. 당신이 말하고자 하는 바가 흥미로움을 알리는 대신에 흥미로운 내용을 말합니다.

An interesting story is told of

이와 같은 서두 없이 바로 내용을 이야기합니다.

In connection with the anticipated visit of Mr. B. to America, it is interesting to recall that he...

(B씨가 미국을 방문할 것이라는 기대감과 결합하여 그가...한 것을 회상하는 일은 흥미롭다.)

→ Mr. B., who it is expected will soon visit America...

(B씨가 미국을 곧 방문할 것으로 기대된다...)

Kind of

(명사 앞에서) something like와 같은 익숙한 문체를 제외하고(형용사와 동사 앞에서) rather의 의미로 사용해서는 안 됩니다. 기본 의미를 다음과

같은 사례처럼 제한해야 합니다.

> Amber is a kind of fossil resin.
>
> (호박은 일종의 나무 진액 화석이다.)

> I dislike that kind of notoriety.
>
> (나는 그런 종류의 악평을 싫어한다.)

Sort of에도 같은 원칙이 적용됩니다.

Less

fewer의 의미로 잘못 쓰여서는 안 됩니다.

> He had less men than in the previous campaign.
>
> → He had fewer men than in the previous campaign.
>
> (그에게는 지난 선거 때보다도 적은 소수의 인원이 있었다.)

less는 크기를 의미하고 fewer는 수를 의미합니다.
"His troubles are less than mine."은 "His troubles are not so great as mine."을 의미합니다. "His troubles are fewer than mine."은 "His troubles are not so numerous as mine."을 의미합니다. 그럼에도 "The signers of the petition were less than a hundred."라고 말하는

것은 맞습니다. 어림수인 "a hundred"가 집합 명사와 같은 의미로 쓰였기 때문입니다. 그리고 "less"는 양이나 크기가 작은 의미로 여겨집니다.

Like

as의 의미로 잘못 쓰여서는 안 됩니다. Like는 명사와 대명사 앞에서 쓰입니다. 구나 절 앞에서 맞는 단어는 as입니다.

> We spent the evening like in the old days.
> → We spent the evening as in the old days.

> He thought like I did.
> → He thought as I did(or like me).

Line, along these lines

of course of procedure, conduct, thought의 의미로 line을 사용할 수 있습니다. 그러나 특히 along these line처럼 너무 자주 사용되는 표현은 독창성과 신선함을 추구하는 사람들이라면 완전히 그 사용을 배제하여야 할 표현입니다.

> Mr. B. also spoke along the same lines.
> Mr. B. also spoke, to the same effect.
> (B씨도 또한 같은 취지로 말했다.)

He is studying along the line of French literature.

→ He is studying French literature.

(그는 프랑스 문학을 공부한다.)

Literal, literally

자주 과장되고 과격한 은유를 옹호하기 위해 잘못 쓰입니다.

A literal flood of abuse. → A flood of abuse

Literally dead with fatigue. → Almost dead with fatigue(dead tired)

Lose out

lose보다 더 강조된 의미지만 실제로 그보다 덜한데 그 평범함 때문입니다. 같은 원칙이 try out, win out, sign up, register up 등에 적용됩니다. 많은 수의 동사와 함께 out과 up은 관용어적인 조합을 만들어 냅니다. Find out, run out, turn out, cheer up, dry up, make up 등등, 모든 표현이 동사만 쓰였을 때와 다른 의미를 지닙니다. 그러나 lose out은 그렇지 않습니다.

Most

almost 대신 사용해서는 안 됩니다. most는 형용사이고, almost는 부사입니다.

Most everybody → almost everybody

Most all the time → almost all the time

Nature

character처럼 너무 자주 쓰이는 진부한 표현입니다.

Acts of a hostile nature → hostile acts

"love of nature, poems about nature"처럼 모호한 표현으로 너무 자주 쓰입니다. 구체적인 진술이 그 뒤를 따르지 않고는 글을 읽는 사람들은 이 시가 자연 풍경, 시골 생활, 석양, 야생의 자연, 또는 다람쥐의 습성을 이야기하는 것인지 알 수가 없습니다.

Near by

적절한 영어 표현으로 아직 완전히 받아들여지지 않는 부사구문으로 close와 hard by의 유사한 뜻으로 쓰이는 것은 정당해 보입니다. Near 또는 near at hand는 더 낫지는 않더라도 near by와 동등한 표현입니다. 형용사로 쓰여서는 안 되고, neighboring의 의미로 쓰여서도 안 됩니다.

Oftentimes, ofttimes

고어의 형태로 더 이상 사용되지 않습니다. 현대어 표현은 often, sometimes, from time to time 입니다.

One hundred and one

and가 중간에 들어가는 이와 같은 유사한 표현들은 오래전 시대에 사용되던 영어 산문에서 변하지 않고 사용되던 표현과 일치합니다.

One of the most

이와 같은 형식으로 에세이나 단락을 시작하는 것을 피해야 합니다. 예를 들어, "One of the most interesting developments of modern science is, etc.", "Switzerland is one of the most interesting countries of Europe." 등이 있습니다. 이 표현에는 아무 문제도 없습니다. 그러나 이와 같은 표현은 낡고 오래되었으며, 겉모습만 그럴듯한 표현입니다.

흔히 저지르는 실수가 관계절이 주어일 때 이와 같은 또는 유사한 표현이 따르는 관계절에서 동사의 단수형을 사용하는 것입니다.

> One of the ablest men that has attacked this problem.
>
> → One of the ablest men that have attacked this problem.
>
> (가장 재능 있는 사람 중에 한 명이 이 문제를 비난했다.)

동명사와 분사(Participle for verbal noun)

> Do you mind me asking a question?
>
> → Do you mind my asking a question?

There was little prospect of the Senate accepting even this compromise.

(이 타협안조차도 받아들이는 상원의원의 전망은 거의 없다)

→ There was little prospect of the Senate's accepting even this compromise.

(이 타협안조차도 상원의원이 받아들일 것이라는 전망이 거의 없다.)

수정 전의 문장에서 asking과 accepting은 현재분사입니다. 수정 후 문장에서는 동명사입니다. 수정 전의 문장처럼 쓰이는 경우가 종종 발견되고, 이와 같은 사용법을 옹호하는 사람들도 있습니다. 그러나 두 번째 사례의 문장이 "a prospect of the Senate"과 관계가 있는 것이 아니라 "a prospect of accepting"과 관계가 있음을 쉽게 확인할 수 있습니다. 이 사례에서 적어도 수정 전 문장은 명백히 비논리적인 문장입니다. "The King's English"의 저자가 지적한 것처럼 소유격을 필요로 하지 않는 문장이 명백하게(그러나 실제로는 아닌) 있습니다.

I cannot imagine Lincoln refusing his assent to this measure.

이 문장에서 글쓴이가 상상하지 못한 부분은 그의 동의를 거부하는 행동에서 바로 링컨이라는 주체입니다. 그림에도 글쓴이가 다음과 같이 썼다고 해도 약간의 명확한 느낌을 제외하고는 두 문장의 의미는 사실상 같을 것입니다.

I cannot imagine Lincoln's refusing his assent to this measure.

(나는 링컨이 그 조치에 동의하지 않고 거부했다는 사실을 믿을 수 없다.)

소유격을 사용함으로써 글쓴이는 보다 안전하게 의미를 전달할 수 있습니다.

위 사례에서 행위의 주체는 단수이고, 한정되지 않은 용어이며, 동사적 명사 바로 앞에 위치하고, 문장의 구성은 어떻게 이용될 수 있든지 간에 훌륭합니다. 그러나 이것이 어떤 문장에서든지 소유격이 더 간단한 표현을 위해 단지 어설픈 대체물이 되거나, 소유격의 사용이 어색하거나 불가능하다면 당연히 문장을 재구성해야 합니다.

In the event of a reconsideration of the whole matter's becoming necessary...

→ If it should become necessary to reconsider the whole matter...

(이 문제 전체를 다시 고려해야 할 필요가 있다면...)

There was great dissatisfaction with the decision of the arbitrators being favorable to the company.

→ There was great dissatisfaction that the arbitrators should have decided in favor of the company.

(중재자가 회사에 유리한 결정을 했다는 큰 불만이 있었다.)

people

the people은 정치적 용어입니다. public과 혼동해서는 안 됩니다. 지지자(the people)들로부터 지원이나 반대가 나오고, 대중(the public)으로부터 예술 감상이나 상업 제품의 애용이 나옵니다.

cf) people는 "부족 or 민족"으로 사용됩니다.

Phase

phase는 전환 단계나 발단 단계를 의미합니다. "the phases of the moon, the last phase" 등이 그 사례입니다. aspect나 topic의 의미로 사용해서는 안 됩니다.

Another phase of the subject → another point(another question)

Possess

have나 own의 대체 용어로 사용해서는 안 됩니다.

He possessed great courage.

→ He had great courage.

He was the fortunate possessor of

→ He owned

Respective, respectively

이 단어들은 보통 생략하는 것이 좋습니다.

> Works of fiction are listed under the names of their respective authors.
>
> → Works of fiction are listed under the name of their authors.
>
> (픽션 작품들은 작가의 이름하에 목록으로 작성되었다.)

> The one mile and two mile runs were won by Jones and Cummings respectively.
>
> → The one mile and two mile runs were won by Jones and by Cummings.
>
> (1마일 경주는 존스가, 2마일 경기는 커밍스가 우승했다.)

과학적 이론에 관련된 문서에서는 respectively가 필요할 수도 있지만 일반 주제를 다루는 글쓰기에서는 사용하지 않아야 합니다.

So

이 단어를 강의어(intensifier)로 사용하는 것을 피해야 합니다.*

> So good, so warm, so delightful

절을 시작하면서 so를 사용하는 경우는 규칙 4를 참조하십시오.

to부정사를 나누기(Split Infinitive)

부사를 to와 부정사 사이에 끼어넣는 선례가 14세기부터 이어지며 있었지만, 이와 같은 글쓰기는 선호되지 않았고, 주의 깊게 글 쓰는 사람들은 이와 같은 방법을 거의 피합니다.

> To diligently inquire → to inquire diligently

Shall, will

1인칭 미래 시제에 shall이 필요하고 2, 3인칭에 will이 필요합니다. 미래의 행위나 상태와 관련하여 화자의 믿음을 표현하는 방식은 I shall입니다. I will은 화자의 결정이나 동의를 의미합니다.

Sort of

kind of를 참조하십시오.

State

say, remark의 대체 용어로 쓰여서는 안 되며 express fully 또는 express clearly의 의미로 제한해야 합니다.

> He refused to state his objections.

(그는 분명히 반대함을 언급하기 거부했다.)

Student Body

불필요하고 어색한 표현으로 단지 students 이상을 의미하지 않습니다.

A member of the student body → A students

popular with the student body → Liked by the students

The student body passed resolutions → The student passed resolutions.

System

불필요한 부분에 빈번하게 사용되고 있습니다.

Dayton has adopted the commission system of government.

→ Dayton has adopted government by commission.

(데이튼씨는 위원회 형태의 정부를 채택했다.)

The dormitory system → Dormitories

Thanking you in advance

마치 글쓴이가 "당신에게 다시 글을 쓰려고 시간을 잠시 낼 가치가 없다."라고 말하는 듯한 분위기를 풍깁니다. 요청의 글을 쓰면서 "I shall be obliged, will you please."라고 쓰십시오. 추가로 써야 할 것이 있다면 감사의 편지를 뒤에 쓰는 것이 낫습니다.

They

흔히 저지르는 실수가 선행사가 비록 한 사람 이상을 의미하기는 하지만 대명사로써 단수형을 요구하는 each, each one, everybody, every one, many a man과 같은 배분의 표현일 때 대명사 복수형을 쓰는 일입니다. 이와 유사하게 심지어 대명사 복수형을 anybody, anyone, somebody, someone과 같은 선행사와 쓰는 경우도 있습니다. "he or she"라는 어색한 표현을 피하거나 양쪽으로 적용하는 어색함을 피하려는 의도입니다. 부끄러움을 잘 타는 어떤 이는 심지어, "A friend of mine told me that they, etc."라고 말하기도 합니다. 선행사가 여격인 경우를 제외하고는 he라는 단어를 위 경우 모두에서 쓰십시오.

Very

이 단어를 자주 사용하지 마세요. 강조가 필요한 부분에서는 그 단어 자체로 강하게 표현하세요.

Viewpoint

point of view로 쓰십시오. 그러나 다른 많은 경우와 마찬가지로 view나 opinion의 의미로 잘못 사용해서는 안 됩니다.

While

이 단어를 and, but, although의 의미로 무분별하게 사용하는 일을 피해야 합니다. 많은 글 쓰는 사람들이 단지 접속어를 다양하게 쓰고자 또는 두 접속어 중에 어떤 접속어가 적절한지 판단하지 못할 때 and나 but의 대체 용어로 이 용어를 빈번하게 사용합니다. 이 경우에 가장 좋은 대체 수단은 세미콜론입니다.

> The office and salesrooms are on the ground floor, while the rest of the building is devoted to manufacturing.
> → The office and salesrooms are on the ground floor; the rest of the building is devoted to manufacturing.
> (사무실과 매장은 지층에 있고, 건물의 나머지 층은 전적으로 제조에 쓰인다.)

문장 안에서 although와 사실상 동의어로 이용하는 것은 모호하지 않고 모순되지 않기에 어느 정도 허용 가능합니다.

> While I admire his energy, I wish it were employed in a better cause.
> (비록 그의 열정을 존경하지만, 나는 그가 그 열정을 좋은 데 쓰기를 바란다.)

이는 다음과 같이 바꾸어 말할 수 있습니다.

I admire his energy; at the same time I wish it were employed in a better cause.

(나는 그의 열정을 존경하는 동시에 그가 그 열정을 좋은 데 쓴다면 좋겠다.)

다음의 사례를 비교해 보십시오.

While the temperature reaches 90 or 95 degrees in the daytime, the nights are often chilly.

(낮 기온이 90도에서 95도까지 올라가는 동안 밤 기온은 대체로 쌀쌀했다.)

Although the temperature reaches 90 or 95 degrees in the daytime, the nights are often chilly.

(낮 기온이 90도에서 95도까지 올라갔지만, 밤 기온은 대체로 쌀쌀했다.)

다음과 같이 말을 바꾸어 보면,

The temperature reaches 90 or 95 degrees in the daytime; at the same time the nights are often chilly.

(낮 기온이 90도에서 95도까지 올라감과 동시에 밤 기온은 대체로 쌀쌀했다.)

이 경우에 while이 왜 잘못 사용되었는지 보여줍니다. 대체로 글을 쓰는 사람은 while의 의미를 during the time that의 의미 그대로 엄격하게 잘 사용합니다.

Whom

종종 he said나 비슷한 표현 앞에서 실제로 뒤따르는 동사의 주어일 때 who의 의미로 잘못 사용됩니다.

His brother, whom he said would send him the money

→ His brother, who he said would send him the money

(그에게 돈을 보내줄 것이라고 그가 말한 그의 형제)

The man whom he thought was his friend

→ The man who (that) he thought was his friend (whom he thought his friend)

(그가 자신의 친구라고 생각했던 사람)

Worth while

모호한 승인이나 불허의 용어로 과다하게 사용됩니다. 전보를 보낼 가치가 있나?("Is it worth while to telegraph?")처럼 엄격하게 오직 행위의 경우에만 적용될 수 있습니다.

His books are not worth while.

→ His books are not worth reading.

→ His books are not worth one's while to read

→ His books do not repay reading.

→ His books are worthless.

(그의 책은 읽을 가치가 없다.)

명사 앞에서 사용해서는 안 됩니다.

A worth while story (X)

Would

1인칭 조건절에서는 would가 아닌 should를 사용합니다.

I should not have succeeded without his help.

과거 시제의 동사 뒤에 있는 간접 인용에서 shall과 동격은 would가 아니라 should입니다.

He predicted that before long we should have a great surprise.

(우리가 깜짝 놀랄 일이 곧 있을 것이라고 그가 예언했다.)

반복되는 행위나 습관을 표현하기 위해 동사의 과거형(would 없이)만으로 충분합니다. 그리고 이와 같은 간결함으로 더욱 강조가 이루어집니다.

Once a year he would visit the old mansion.

→ Once a year he visited the old mansion.

(한 해에 한 번 그가 오래된 대저택을 방문했다.)

VI

철자

영어의 철자는 고정된 것이 아니고, 일반적인 합의에 의존합니다. 현재로서는 대부분의 단어 철자에 만장일치로 동의하고 있습니다. 예를 들어 rhyme 대신 rime을 변형으로 이용하는 것이 허용될 수 있는 수준입니다. 다른 모든 단어의 철자법이 영어라는 언어와 동일한 시공간에서 이루어집니다. 그럼에도 어느 순간 상대적으로 작은 수의 단어들이 한 가지 이상의 방법으로 쓰여질 수 있습니다. 대체로 선호되는 한 가지 철자법으로 점차 좁혀집니다. 그리고 자주 쓰이지 않는 철자법은 서서히 사라집니다. 가끔은 혁신적인 사람들이 새로운 철자법을(대부분 약어의 형태인) 소개하기도 합니다. 그리고 새로 자리를 잡거나 사용되지 않아 소멸합니다.

너무 과하게 축약했거나 받아들여지지 않은 철자법은 독자들이 선호하지 않습니다. 글쓴이가 만들어 낸 표현은 독자들의 주의를 산만하게 하고 독자들을 지치게 합니다. 독자들은 though 하는 철자의 복잡성을 생각조차 하지 않고 자동으로 읽을 것입니다. 독자들은 축약 형태인 tho 를 읽으면서 스스로 주의를 기울이는 대가를 치루면서도 자동으로 마음속에서 생략된 부분을 떠올릴 것입니다. 작가가 새로운 단어 형태로 의도했던 바는 받아들여지지 않을 것입니다.

자주 틀리는 철자

　accidentally, advice, affect

　believe, benefit

　challenge, coarse, course, criticize

　deceive, definite, describe, despise, develop

　disappoint, dissipate, duel

　ecstasy, effect, embarrass, existence

　fascinate, fiery, formerly

　humorous, hypocrisy

　immediately, impostor, incident, incidentally, latter, led, lose

　marriage, mischief, murmur

　necessary

　occurred, opportunity

　parallel, playwright, preceding, prejudice, principal,

principle, privilege, pursue

repetition, rhyme, rhythm, ridiculous

sacrilegious, seize, separate, shepherd, siege, similar, simile

too, tragedy, tries

undoubtedly, until

villain

강세를 받는 짧은 모음이 앞에 있는 단일 자음은 -ed나 -ing 앞에서 이
중 자음으로 바뀝니다(v 제외).

Planned, letting, beginning (coming 제외)

To-day, to-night, to-morrow처럼 중간에 하이픈을 사용합니다
(together 제외)
any one, every one, some one, some time(formerly의 의미는 제외)처
럼 두 단어로 나누어 줍니다.

I

INTRODUCTORY

This book is intended for use in English courses in which the practice of composition is combined with the study of literature. It aims to give in brief space the principal requirements of plain English style. It aims to lighten the task of instructor and student by concentrating attention (in Chapters II and III) on a few essentials, the rules of usage and principles of composition most commonly violated. The numbers of the sections may be used as references in correcting manuscript.

The book covers only a small portion of the field of English style, but the experience of its writer has been that once past the essentials, students profit most by individual instruction based on the problems of their own work, and that each instructor has his own body of theory, which he prefers to that offered by any textbook.

The writer's colleagues in the Department of English in Cornell University have greatly helped him in the preparation of his manuscript. Mr. George McLane Wood has kindly consented to the inclusion under Rule 11 of some material from his Suggestions to Authors.

The following books are recommended for reference or further study: in connection with Chapters II and IV, F. Howard Collins, Author and Print-er (Henry Frowde); Chicago University Press, Manual of Style; T. L. De Vinne Correct Composition (The Century Company); Horace Hart, Rules for Compositors and Printers (Oxford University Press); George McLane Wood, Extracts from the Style–Book of the Government Printing Office (United States Geological Survey); in connection with Chapters III and V, Sir Arthur Quiller–Couch, The Art of Writing (Putnams), especially the chapter, Interlude on Jargon; George McLane Wood, Suggestions to Authors (United States Geological Survey); John Leslie Hall, English Usage (Scott, Foresman and Co.); James P. Kelly, Workmanship in Words (Little, Brown and Co.)

It is an old observation that the best writers sometimes disregard the rules of rhetoric. When they do so, however, the reader will usually find in the sentence some compensating merit, attained at the cost of the violation. Unless he is certain of doing as well, he will probably do best to follow the rules. After he has learned, by their guidance, to write plain English adequate for everyday uses, let him look, for the secrets of style, to the study of the masters of literature.

II

ELEMENTARY RULES OF USAGE

1. Form the possessive singular of nouns with 's.

Follow this rule whatever the final consonant. Thus write,

> Charles's friend
>
> Burns's poems
>
> the witch's malice

This is the usage of the United States Government Printing Office and of the Oxford University Press.

Exceptions are the possessives of ancient proper names in –es and –is, the possessive Jesus', and such forms as for conscience'sake, for righteousness'sake. But such forms as Achilles'heel, Moses'laws, Isis'temple are commonly replaced by

> the heel of Achilles
> the laws of Moses
> the temple of Isis

The pronominal possessives hers, its, theirs, yours, and oneself have no apostrophe.

2. In a series of three or more terms with a single conjunction, use a comma after each term except the last.

Thus write,

> red, white, and blue
> honest, energetic, but headstrong
> He opened the letter, read it, and made a note of its contents.

This is also the usage of the Government Printing Office and of the Oxford University Press.

> In the names of business firms the last comma is omitted, as
>
> Brown, Shipley and Company

The abbreviation etc., even if only a single term comes before it, is always preceded by a comma.

3. Enclose parenthetic expressions between commas.

> The best way to see a country, unless you are pressed for time, is
> to travel on foot.

This rule is difficult to apply; it is frequently hard to decide whether a single word, such as however, or a brief phrase, is or is not parenthetic. If the interruption to the flow of the sentence is but slight, the writer may safely omit the commas. But whether the interruption be slight or considerable, he must never omit one comma and leave the other. Such punctuation as:

> Marjorie's husband, Colonel Nelson paid us a visit yesterday, My

brother you will be pleased to hear, is now in perfect health, is
indefensible.

Non–restrictive relative clauses are, in accordance with this rule, set off by
commas.

> The audience, which had at first been indifferent, became more
> and more interested.

Similar clauses introduced by where and when are similarly punctuated.

> In 1769, when Napoleon was born, Corsica had but
> recently been acquired by France.

> Nether Stowey, where Coleridge wrote The Rime of the
> Ancient Mariner, is a few miles from Bridgewater.

In these sentences the clauses introduced by which, when, and where are
nonrestrictive; they do not limit the application of the words on which they
depend, but add, parenthetically, statements supplementing those in the
principal clauses. Each sentence is a combination of two statements which
might have been made independently.

The audience was at first indifferent. Later it became more and more interested.

Napoleon was born in 1769. At that time Corsica had but recently been acquired by France.

Coleridge wrote The Rime of the Ancient Mariner at Nether Stowey. Nether Stowey is only a few miles from Bridgewater.

Restrictive relative clauses are not set off by commas.

The candidate who best meets these requirements will obtain the place.

In this sentence the relative clause restricts the application of the word candidate to a single person. Unlike those above, the sentence cannot be split into two independent statements.

The abbreviations etc. and jr. are always preceded by a comma, and except at the end of a sentence, followed by one. Similar in principle to the enclosing of parenthetic expressions between commas is the setting off by commas of phrases or dependent clauses preceding or following the main clause of a sentence. The sentences quoted in this section and under Rules 4, 5, 6, 7, 16, and 18 should afford sufficient guidance.

If a parenthetic expression is preceded by a conjunction, place the first comma before the conjunction, not after it.

> He saw us coming, and unaware that we had learned of his treachery, greeted us with a smile.

4. Place a comma before and or but introducing an independent clause.

> The early records of the city have disappeared, and the story of its first years can no longer be reconstructed.

> The situation is perilous, but there is still one chance of escape.

Sentences of this type, isolated from their context, may seem to be in need of rewriting. As they make complete sense when the comma is reached, the second clause has the appearance of an after–thought. Further, and, is the least specific of connectives. Used between independent clauses, it indicates only that a relation exists between them without defining that relation. In the example above, the relation is that of cause and result. The two sentences might be rewritten:

> As the early records of the city have disappeared, the story of its first years can no longer be reconstructed.

> Although the situation is perilous, there is still one chance of escape.

Or the subordinate clauses might be replaced by phrases:

> Owing to the disappearance of the early records of the city, the story of its first years can no longer be reconstructed.

> In this perilous situation, there is still one chance of escape.

But a writer may err by making his sentences too uniformly compact and periodic, and an occasional loose sentence prevents the style from becoming too formal and gives the reader a certain relief. Consequently, loose sentences of the type first quoted are common in easy, unstudied writing. But a writer should be careful not to construct too many of his sentences after this pattern (see Rule 14).

Two–part sentences of which the second member is introduced by as (in the sense of because), for, or, nor, and while (in the sense of and at the same time) likewise require a comma before the conjunction.

If a dependent clause, or an introductory phrase requiring to be set off by a comma, precedes the second independent clause, no comma is needed after the conjunction.

> The situation is perilous, but if we are prepared to act promptly, there is still one chance of escape.

For two–part sentences connected by an adverb, see the next section.

5. Do not join independent clauses by a comma.

If two or more clauses, grammatically complete and not joined by a conjunction, are to form a single compound sentence, the proper mark of punctuation is a semicolon.

Stevenson's romances are entertaining; they are full of exciting adventures.

It is nearly half past five; we cannot reach town before dark.

It is of course equally correct to write the above as two sentences each, replacing the semicolons by periods.

Stevenson's romances are entertaining. They are full of exciting adventures.

It is nearly half past five. We cannot reach town before dark.

If a conjunction is inserted, the proper mark is a comma (Rule 4).

Stevenson's romances are entertaining, for they are full of exciting adventures.

It is nearly half past five, and we cannot reach town before dark.

Note that if the second clause is preceded by an adverb, such as accordingly, besides, so, then, therefore, or thus, and not by a conjunction, the semicolon is still required.

I had never been in the place before; so I had difficulty in finding my way about.

In general, however, it is best, in writing, to avoid using so in this manner; there is danger that the writer who uses it at all may use it too often. A simple correction, usually serviceable, is to omit the word so, and begin the first clause with as:

As I had never been in the place before, I had difficulty in finding my way about.

If the clauses are very short, and are alike in form, a comma is usually permissible:

Man proposes, God disposes.

The gate swung apart, the bridge fell, the portcullis was drawn up.

6. Do not break sentences in two.

In other words, do not use periods for commas.

> I met them on a Cunard liner several years ago. Coming home from Liverpool to New York.

> He was an interesting talker. A man who had traveled all over the world, and lived in half a dozen countries.

In both these examples, the first period should be replaced by a comma, and the following word begun with a small letter.

It is permissible to make an emphatic word or expression serve the purpose of a sentence and to punctuate it accordingly:

> Again and again he called out. No reply.

The writer must, however, be certain that the emphasis is warranted, and that he will not be suspected of a mere blunder in punctuation.

Rules 3, 4, 5, and 6 cover the most important principles in the punctuation of ordinary sentences; they should be so thoroughly mastered that their application becomes second nature.

7. A participial phrase at the beginning of a sentence must refer to the grammatical subject.

> Walking slowly down the road, he saw a woman accompanied by two children.

The word walking refers to the subject of the sentence, not to the woman. If the writer wishes to make it refer to the woman, he must recast the sentence:

> He saw a woman, accompanied by two children, walking slowly down the road.

Participial phrases preceded by a conjunction or by a preposition, nouns in apposition, adjectives, and adjective phrases come under the same rule if they begin the sentence.

> On arriving in Chicago, his friends met him at the station.
>
> When he arrived (or, On his arrival) in Chicago, his friends met

him at the station.

A soldier of proved valor, they entrusted him with the defence of the city.

A soldier of proved valor, he was entrusted with the defence of the city.

Young and inexperienced, the task seemed easy to me.

Young and inexperienced, I thought the task easy.

Without a friend to counsel him, the temptation proved irresistible.

Without a friend to counsel him, he found the temptation irresistible.

Sentences violating this rule are often ludicrous.

Being in a dilapidated condition, I was able to buy the house very cheap.

8. Divide words at line–ends, in accordance with their formation and pronunciation.

If there is room at the end of a line for one or more syllables of a word, but not for the whole word, divide the word, unless this involves cutting off only a single letter, or cutting off only two letters of a long word. No hard and fast rule for all words can be laid down. The principles most frequently applicable are:

a. Divide the word according to its formation:

know–ledge (not knowl–edge); Shake–speare (not Shake–speare); de–scribe (not des–cribe); atmo–sphere (not atmos–phere);

b. Divide "on the vowel:"

edi–ble (not ed–ible); propo–sition; ordi–nary; espe–cial; reli–gious; oppo–nents; regu–lar; classi–fi–ca–tion (three divisions possible); deco–rative; presi–dent;

c. Divide between double letters, unless they come at the end of the simple form of the word:

Apen–nines; Cincin–nati; refer–ring; but tell–ing.

The treatment of consonants in combination is best shown from examples:

for–tune; pic–ture; presump–tuous; illus–tration; sub–stan–tial (either division); indus–try; instruc–tion; sug–ges–tion; incen–diary.

The student will do well to examine the syllable–division in a number of pages of any carefully printed book.

III

ELEMENTARY PRINCIPLES OF COMPOSITION

9. Make the paragraph the unit of composition: one paragraph to each topic.

If the subject on which you are writing is of slight extent, or if you intend to treat it very briefly, there may be no need of subdividing it into topics. Thus a brief description, a brief summary of a literary work, a brief account of a single incident, a narrative merely outlining an action, the setting forth of a single idea, any one of these is best written in a single paragraph. After the paragraph has been written, it should be examined to see whether subdivision will not improve it.

Ordinarily, however, a subject requires subdivision into topics, each of which should be made the subject of a paragraph. The object of treating each topic in a paragraph by itself is, of course, to aid the reader. The beginning of each paragraph is a signal to him that a new step in the development of the subject has been reached.

The extent of subdivision will vary with the length of the composition. For example, a short notice of a book or poem might consist of a single paragraph. One slightly longer might consist of two paragraphs:

A. Account of the work.

B. Critical discussion.

A report on a poem, written for a class in literature, might consist of seven paragraphs:

A report on a poem, written for a class in literature, might consist of seven paragraphs:

A. Facts of composition and publication.

B. Kind of poem; metrical form.

C. Subject.

D. Treatment of subject.

E. For what chiefly remarkable.

F. Wherein characteristic of the writer.

G. Relationship to other works.

The contents of paragraphs C and D would vary with the poem. Usually, paragraph C would indicate the actual or imagined circumstances of the poem (the situation), if these call for explanation, and would then state the subject and outline its development. If the poem is a narrative in the third person throughout, paragraph C need contain no more than a concise summary of the action. Paragraph D would indicate the leading ideas and show how they are made prominent, or would indicate what points in the narrative are chiefly emphasized.

A novel might be discussed under the heads:

A. Setting.

B. Plot.

C. Characters.

D. Purpose.

A historical event might be discussed under the heads:

A. What led up to the event.

B. Account of the event.

C. What the event led up to.

In treating either of these last two subjects, the writer would probably find it necessary to subdivide one or more of the topics here given.

As a rule, single sentences should not be written or printed as paragraphs. An exception may be made of sentences of transition, indicating the relation between the parts of an exposition or argument.

In dialogue, each speech, even if only a single word, is a paragraph by itself; that is, a new paragraph begins with each change of speaker. The application of this rule, when dialogue and narrative are combined, is best learned from examples in wellprinted works of fiction.

10. As a rule, begin each paragraph with a topic sentence; end it in conformity with the beginning.

Again, the object is to aid the reader. The practice here recommended enables him to discover the purpose of each paragraph as he begins to read it, and to retain the purpose in mind as he ends it. For this reason, the most generally useful kind of paragraph, particularly in exposition and argument, is that in which

a. the topic sentence comes at or near the beginning;

b. the succeeding sentences explain or establish or develop the statement made in the topic sentence; and

c. the final sentence either emphasizes the thought of the topic sentence or states some important consequence.

Ending with a digression, or with an unimportant detail, is particularly to be avoided.

If the paragraph forms part of a larger composition, its relation to what precedes, or its function as a part of the whole, may need to be expressed. This can sometimes be done by a mere word or phrase (again; therefore; for the same reason) in the topic sentence. Sometimes, however, it is expedient to precede the topic sentence by one or more sentences of introduction or transition. If more than one such sentence is required, it is generally better to set apart the transitional sentences as a separate paragraph.

According to the writer's purpose, he may, as indicated above, relate the body of the paragraph to the topic sentence in one or more of several different ways. He may make the meaning of the topic sentence clearer by restating it in other forms, by defining its terms, by denying the converse, by giving illustrations or specific instances; he may establish it by proofs; or he may develop it by showing its implications and consequences. In a long paragraph, he may carry out several of these processes.

1. Topic sentence.

> Now, to be properly enjoyed, a walking tour should be gone upon alone.

2. The meaning made clearer by denial of the contrary.

> If you go in a company, or even in pairs, it is no longer a walking tour in anything but name; it is something else and more in the nature of a picnic.

3. The topic sentence repeated, in abridged form, and supported by three reasons; the meaning of the third ("you must have your own pace") made clearer by denying the converse.

A walking tour should be gone upon alone, because freedom is of the essence; because you should be able to stop and go on, and follow this way or that, as the freak takes you; and because you must have your own pace, and neither trot alongside a champion walker, nor mince in time with a girl.

4. A fourth reason, stated in two forms.

And you must be open to all impressions and let your thoughts take colour from what you see.

5. The same reason, stated in still another form.

You should be as a pipe for any wind to play upon.

6–7. The same reason as stated by Hazlitt.

"I cannot see the wit," says Hazlitt,
"of walking and talking at the same time."
"When I am in the country, I wish to vegetate like the country,"
which is the gist of all that can be said upon the matter.

8. Repetition, in paraphrase, of the quotation from Hazlitt.

> There should be no cackle of voices at your elbow, to jar on the meditative silence of the morning.

9. Final statement of the fourth reason, in language amplified and heightened to form a strong conclusion.

> "And so long as a man is reasoning he cannot surrender himself to that fine intoxication that comes of much motion in the open air, that begins in a sort of dazzle and sluggishness of the brain, and ends in a peace that passes comprehension."
>
> —Stevenson, Walking Tours.

1. Topic sentence.

It was chiefly in the eighteenth century that a very different conception of history grew up.

2. The meaning of the topic sentence made clearer; the new conception of history defined.

Historians then came to believe that their task was not so much to paint a picture as to solve a problem; to explain or illustrate the successive phases of national growth, prosperity, and adversity.

3. The definition expanded.

The history of morals, of industry, of intellect, and of art; the changes that take place in manners or beliefs; the dominant ideas that prevailed in successive periods; the rise, fall, and modification of political constitutions; in a word, all the conditions of national well–being became the subjects of their works.

4. The definition explained by contrast.

They sought rather to write a history of peoples than a history of kings.

5. The definition supplemented: another element in the new conception of history.

They looked especially in history for the chain of causes and effects.

6. Conclusion: an important consequence of the new conception of history.

"They undertook to study in the past the physiology of nations, and hoped by applying the experimental method on a large scale to deduce some lessons of real value about the conditions on which the welfare of society mainly depend."

—Lecky, The Political Value of History

In narration and description the paragraph sometimes begins with a concise, comprehensive statement serving to hold together the details that follow.

The breeze served us admirably.

The campaign opened with a series of reverses.

The next ten or twelve pages were filled with a curious set of entries.

But this device, if too often used, would become a mannerism. More commonly the opening sentence simply indicates by its subject with what the paragraph is to be principally concerned.

At length I thought I might return towards the stockade.

He picked up the heavy lamp from the table and began to explore.

Another flight of steps, and they emerged on the roof.

The brief paragraphs of animated narrative, however, are often without even this semblance of a topic sentence. The break between them serves the purpose of a rhetorical pause, throwing into prominence some detail of the action.

11. Use the active voice. The active voice is usually more direct and vigorous than the passive:

I shall always remember my first visit to Boston.

This is much better than

My first visit to Boston will always be remembered by me.

The latter sentence is less direct, less bold, and less concise. If the writer tries to make it more concise by omitting "by me,"

My first visit to Boston will always be remembered,

it becomes indefinite: is it the writer, or some person undisclosed, or the world at large, that will always remember this visit?

This rule does not, of course, mean that the writer should entirely discard the passive voice, which is frequently convenient and sometimes necessary.

The dramatists of the Restoration are little esteemed today.

Modern readers have little esteem for the dramatists of the Restoration.

The first would be the right form in a paragraph on the dramatists of the Restoration; the second, in a paragraph on the tastes of modern readers. The need of making a particular word the subject of the sentence will often, as in these examples, determine which voice is to be used.

The habitual use of the active voice, however, makes for forcible writing. This is true not only in narrative principally concerned with action, but in writing of any kind. Many a tame sentence of description or exposition can be made lively and emphatic by substituting a transitive in the active voice for some such perfunctory expression as there is, or could be heard.

There were a great number of dead leaves lying on the ground.

Dead leaves covered the ground.

The sound of the falls could still be heard.

The sound of the falls still reached our ears.

The reason that he left college was that his health became impaired.

Failing health compelled him to leave college.

It was not long before he was very sorry that he had said what he had.

He soon repented his words.

As a rule, avoid making one passive depend directly upon another.

Gold was not allowed to be exported.

It was forbidden to export gold (The export of gold was prohibited).

He has been proved to have been seen entering the building.

It has been proved that he was seen to enter the building.

In both the examples above, before correction, the word properly related to the second passive is made the subject of the first.

A common fault is to use as the subject of a passive construction a noun which expresses the entire action, leaving to the verb no function beyond that of completing the sentence.

> A survey of this region was made in 1900.
>
> This region was surveyed in 1900.
>
> Mobilization of the army was rapidly carried out.
>
> The army was rapiwdly mobilized.
>
> Confirmation of these reports cannot be obtained.
>
> These reports cannot be confirmed.

Compare the sentence, "The export of gold was prohibited,"in which the predicate "was prohibited"expresses something not implied in "export."

12. Put statements in positive form.

Make definite assertions. Avoid tame, colorless, hesitating, non–committal language. Use the word not as a means of denial or in antithesis, never as a means of evasion.

> He was not very often on time.
>
> He usually came late.
>
> He did not think that studying Latin was much use.
>
> He thought the study of Latin useless.
>
> The Taming of the Shrew is rather weak in spots. Shakespeare does not portray Katharine as a very admirable character, nor does Bianca remain long in memory as an important character in Shakespeare's works.
>
> The women in The Taming of the Shrew are unattractive. Katharine is disagreeable, Bianca insignificant.

The last example, before correction, is indefinite as well as negative. The corrected version, consequently, is simply a guess at the writer's intention.

All three examples show the weakness inherent in the word not. Consciously or unconsciously, the reader is dissatisfied with being told only what is not; he wishes to be told what is. Hence, as a rule, it is better to express a negative in positive form.

> not honest: dishonest
>
> not important: trifling

did not remember: forgot

did not pay any attention to: ignored

did not have much confidence in: distrusted

The antithesis of negative and positive is strong:

Not charity, but simple justice.

Not that I loved Caesar less, but Rome the more.

Negative words other than not are usually strong:

The sun never sets upon the British flag.

13. Omit needless words.

Vigorous writing is concise. A sentence should contain no unnecessary words, a paragraph no unnecessary sentences, for the same reason that a drawing should have no unnecessary lines and a machine no unnecessary parts. This requires not that the writer make all his sentences short, or that he avoid all detail and treat his subjects only in outline, but that every word tell.

Many expressions in common use violate this principle:

> the question as to whether whether (the question whether)
>
> there is no doubt but that no doubt (doubtless)
>
> used for fuel purposes used for fuel
>
> he is a man who he in a hasty manner hastily
>
> this is a subject which this subject
>
> His story is a strange one. His story is strange.

In especial the expression the fact that should be revised out of every sentence in which it occurs.

> owing to the fact that since (because)
>
> in spite of the fact that though (although)
>
> call your attention to the fact that remind you (notify you)
>
> I was unaware of the fact that I was unaware that (did not know)
>
> the fact that he had not succeeded his failure
>
> the fact that I had arrived my arrival

See also under case, character, nature, system in Chapter V.

Who is, which was, and the like are often superfluous.

His brother, who is a member of the same firm

His brother, a member of the same firm

Trafalgar, which was Nelson's last battle

Trafalgar, Nelson's last battle

As positive statement is more concise than negative, and the active voice more concise than the passive, many of the examples given under Rules 11 and 12 illustrate this rule as well.

A common violation of conciseness is the presentation of a single complex idea, step by step, in a series of sentences which might to advantage be combined into one.

Macbeth was very ambitious. This led him to wish to become king of Scotland. The witches told him that this wish of his would come true. The king of Scotland at this time was Duncan. Encouraged by his wife, Macbeth murdered Duncan. He was thus enabled to succeed Duncan as king. (55 words.)

Encouraged by his wife, Macbeth achieved his ambition and realized the prediction of the witches by murdering Duncan and becoming king of Scotland in his place. (26 words.)

14. Avoid a succession of loose sentences.

This rule refers especially to loose sentences of a particular type, those consisting of two co-ordinate clauses, the second introduced by a conjunction or relative. Although single sentences of this type may be unexceptionable (see under Rule 4), a series soon becomes monotonous and tedious.

An unskilful writer will sometimes construct a whole paragraph of sentences of this kind, using as connectives and, but, and less frequently, who, which, when, where, and while, these last in non–restrictive senses (see under Rule 3).

The third concert of the subscription series was given last evening, and a large audience was in attendance. Mr. Edward Appleton was the soloist, and the Boston Symphony Orchestra furnished the instrumental music. The former showed himself to be an artist of the first rank, while the latter proved itself fully deserving of its high reputation. The interest aroused by the series has been very gratifying to the Committee, and it is planned to give a similar series annually hereafter. The fourth concert will be given on Tuesday, May 10, when an equally attractive programme will be presented.

Apart from its triteness and emptiness, the paragraph above is bad because of the structure of its sentences, with their mechanical symmetry and sing-song. Contrast with them the sentences in the paragraphs quoted under Rule 10, or in any piece of good English prose, as the preface (Before the Curtain) to Vanity Fair.

If the writer finds that he has written a series of sentences of the type described, he should recast enough of them to remove the monotony, replacing them by simple sentences, by sentences of two clauses joined by a semicolon, by periodic sentences of two clauses, by sentences, loose or periodic, of three clauses—whichever best represent the real relations of the thought.

15. Express co-ordinate ideas in similar form.

This principle, that of parallel construction, requires that expressions of similar content and function should be outwardly similar. The likeness of form enables the reader to recognize more readily the likeness of content and function. Familiar instances from the Bible are the Ten Commandments, the Beatitudes, and the petitions of the Lord's Prayer.

The unskilful writer often violates this principle, from a mistaken belief that he should constantly vary the form of his expressions. It is true that in repeating a statement in order to emphasize it he may have need to vary its form. For illustration, see the paragraph from Stevenson quoted under Rule 10. But apart from this, he should follow the principle of parallel construction.

> Formerly, science was taught by the textbook method, while now the laboratory method is employed.

> Formerly, science was taught by the textbook method; now it is taught by the laboratory method.

The left-hand version gives the impression that the writer is undecided or timid; he seems unable or afraid to choose one form of expression and hold to it. The righthand version shows that the writer has at least made his choice and abided by it.

By this principle, an article or a preposition applying to all the members of a series must either be used only before the first term or else be repeated before each term.

> The French, the Italians, Spanish, and Portuguese
> The French, the Italians, the Spanish, and the Portuguese

In spring, summer, or in winter

In spring, summer, or winter (In spring, in summer, or in winter)

Correlative expressions (both, and; not, but; not only, but also; either, or; first, second, third; and the like) should be followed by the same grammatical construction. Many violations of this rule can be corrected by rearranging the sentence.

> It was both a long ceremony and very tedious.
>
> The ceremony was both long and tedious.
>
> A time not for words, but action
>
> A time not for words, but for action
>
> Either you must grant his request or incur his ill will.
>
> You must either grant his request or incur his ill will.
>
> My objections are, first, the injustice of the measure; second, that it is unconstitutional.
>
> My objections are, first, that the measure is unjust; second, that it is unconstitutional.

See also the third example under Rule 12 and the last under Rule 13.

It may be asked, what if a writer needs to express a very large number of similar ideas, say twenty? Must he write twenty consecutive sentences of the same pattern? On closer examination he will probably find that the difficulty is imaginary, that his twenty ideas can be classified in groups, and that he need apply the principle only within each group. Otherwise he had best avoid the difficulty by putting his statements in the form of a table.

16. Keep related words together.

The position of the words in a sentence is the principal means of showing their relationship. The writer must therefore, so far as possible, bring together the words, and groups of words, that are related in thought, and keep apart those which are not
so related.

The subject of a sentence and the principal verb should not, as a rule, be separated by a phrase or clause that can be transferred to the beginning.

Wordsworth, in the fifth book of The Excursion, gives a minute description of this church.

In the fifth book of The Excursion, Wordsworth gives a minute description of this church.

Cast iron, when treated in a Bessemer converter, is changed into steel.

By treatment in a Bessemer converter, cast iron is changed into steel.

The objection is that the interposed phrase or clause needlessly interrupts the natural order of the main clause. This objection, however, does not usually hold when the order is interrupted only by a relative clause or by an expression in apposition. Nor does it hold in periodic sentences in which the interruption is a deliberately used means of creating suspense (see examples under Rule 18).

The relative pronoun should come, as a rule, immediately after its antecedent.

There was a look in his eye that boded mischief.
In his eye was a look that boded mischief.
He wrote three articles about his adventures in Spain, which were published in Harper's Magazine.
He published in Harper's Magazine three articles about his adventures in Spain.
This is a portrait of Benjamin Harrison, grandson of William Henry Harrison, who became President in 1889.

This is a portrait of Benjamin Harrison, grandson of William Henry Harrison. He became President in 1889.

If the antecedent consists of a group of words, the relative comes at the end of the group, unless this would cause ambiguity.

The Superintendent of the Chicago Division, who~

A proposal to amend the Sherman Act, which has been variously judged

A proposal, which has been variously judged, to amend the Sherman Act

A proposal to amend the much–debated Sherman Act

The grandson of William Henry Harrison, who

William Henry Harrison's grandson, Benjamin Harrison, who

A noun in apposition may come between antecedent and relative, because in such a combination no real ambiguity can arise.

The Duke of York, his brother, who was regarded with hostility by the Whigs

Modifiers should come, if possible next to the word they modify. If several expressions modify the same word, they should be so arranged that no wrong relation is suggested.

> All the members were not present.
>
> Not all the members were present.
>
> He only found two mistakes.
>
> He found only two mistakes.
>
> Major R. E. Joyce will give a lecture on Tuesday evening in Bailey Hall, to which the public is invited, on "My Experiences in Mesopotamia"at eight P. M.
>
> On Tuesday evening at eight P. M., Major R. E. Joyce will give in Bailey Hall a lecture on "My Experiences in Mesopotamia."The public is invited.

17. In summaries, keep to one tense.

In summarizing the action of a drama, the writer should always use the present tense. In summarizing a poem, story, or novel, he should preferably use the present, though he may use the past if he prefers. If the summary is in the present tense, antecedent action should be expressed by the perfect; if in the past, by the past perfect.

An unforeseen chance prevents Friar John from delivering Friar Lawrence's letter to Romeo. Juliet, meanwhile, owing to her father's arbitrary change of the day set for her wedding, has been compelled to drink the potion on Tuesday night, with the result that Balthasar informs Romeo of her supposed death before Friar Lawrence learns of the nondelivery of the letter.

But whichever tense be used in the summary, a past tense in indirect discourse or in indirect question remains unchanged.

The Legate inquires who struck the blow.

Apart from the exceptions noted, whichever tense the writer chooses, he should use throughout. Shifting from one tense to the other gives the appearance of uncertainty and irresolution (compare Rule 15).

In presenting the statements or the thought of some one else, as in summarizing an essay or reporting a speech, the writer should avoid intercalating such expressions as "he said," "he stated," "the speaker added," "the speaker then went on to say," "the author also thinks," or the like. He should indicate clearly at the outset, once for all, that what follows is summary, and then waste no words in repeating the notification.

In notebooks, in newspapers, in handbooks of literature, summaries of one kind or another may be indispensable, and for children in primary schools it is a useful exercise to retell a story in their own words. But in the criticism or interpretation of literature the writer should be careful to avoid dropping into summary. He may find it necessary to devote one or two sentences to indicating the subject, or the opening situation, of the work he is discussing; he may cite numerous details to illustrate its qualities. But he should aim to write an orderly discussion supported by evidence, not a summary with occasional comment. Similarly, if the scope of his discussion includes a number of works, he will as a rule do better not to take them up singly in chronological order, but to aim from the beginning at establishing general conclusions.

18. Place the emphatic words of a sentence at the end.

The proper place for the word, or group of words, which the writer desires to make most prominent is usually the end of the sentence.

> Humanity has hardly advanced in fortitude since that time, though it has advanced in many other ways.
> Humanity, since that time, has advanced in many other ways, but

it has hardly advanced in fortitude.

This steel is principally used for making razors, because of its hardness.

Because of its hardness, this steel is principally used in making razors.

The word or group of words entitled to this position of prominence is usually the logical predicate, that is, the new element in the sentence, as it is in the second example.

The effectiveness of the periodic sentence arises from the prominence which it gives to the main statement.

Four centuries ago, Christopher Columbus, one of the Italian mariners whom the decline of their own republics had put at the service of the world and of adventure, seeking for Spain a westward passage to the Indies as a set–off against the achievements of Portuguese discoverers, lighted on America.

With these hopes and in this belief I would urge you, laying aside all hindrance, thrusting away all private aims, to devote yourselves unswervingly and unflinchingly to the vigorous and successful prosecution of this war.

The other prominent position in the sentence is the beginning. Any element in the sentence, other than the subject, becomes emphatic when placed first.

Deceit or treachery he could never forgive.

So vast and rude, fretted by the action of nearly three thousand years, the fragments of this architecture may often seem, at first sight, like works of nature.

A subject coming first in its sentence may be emphatic, but hardly by its position alone. In the sentence,

Great kings worshipped at his shrine.

the emphasis upon kings arises largely from its meaning and from the context. To receive special emphasis, the subject of a sentence must take the position of the predicate.

Through the middle of the valley flowed a winding stream.

The principle that the proper place for what is to be made most prominent is the end applies equally to the words of a sentence, to the sentences of a paragraph, and to the paragraphs of a composition.

IV

A FEW MATTERS OF FORM

Headings. Leave a blank line, or its equivalent in space, after the title or heading of a manuscript. On succeeding pages, if using ruled paper, begin on the first line.

Numerals. Do not spell out dates or other serial numbers. Write them in figures or in Roman notation, as may be appropriate.

August 9, 1918

Chapter XII

Rule 3

352d Infantry

Parentheses. A sentence containing an expression in parenthesis is punctuated, outside of the marks of parenthesis, exactly as if the expression in parenthesis were absent. The expression within is punctuated as if it stood by itself, except that the final stop is omitted unless it is a question mark or an exclamation point.

> I went to his house yesterday (my third attempt to see him), but
> he had left town.

> He declares (and why should we doubt his good faith?) that he
> is now certain of success.

(When a wholly detached expression or sentence is parenthesized, the final stop comes before the last mark of parenthesis.)

Quotations. Formal quotations, cited as documentary evidence, are introduced by a colon and enclosed in quotation marks.

> The provision of the Constitution is: "No tax or duty shall be
> laid on articles exported from any state."

Quotations grammatically in apposition or the direct objects of verbs are preceded by a comma and enclosed in quotation marks.

I recall the maxim of La Rochefoucauld, "Gratitude is a lively sense of benefits to come."

Aristotle says, "Art is an imitation of nature."

Quotations of an entire line, or more, of verse, are begun on a fresh line and centred, but not enclosed in quotation marks.

Wordsworth's enthusiasm for the Revolution was at first unbounded:

Bliss was it in that dawn to be alive,
But to be young was very heaven!

Quotations introduced by that are regarded as in indirect discourse and not enclosed in quotation marks.

Keats declares that beauty is truth, truth beauty.

Proverbial expressions and familiar phrases of literary origin require no quotation marks.

These are the times that try men's souls.

He lives far from the madding crowd.

The same is true of colloquialisms and slang.

References. In scholarly work requiring exact references, abbreviate titles that occur frequently, giving the full forms in an alphabetical list at the end. As a general practice, give the references in parenthesis or in footnotes, not in the body of the
sentence. Omit the words act, scene, line, book, volume, page, except when referring by only one of them. Punctuate as indicated below.

In the second scene of the third act

In III.ii (still better, simply insert III.ii in parenthesis at the proper place in the sentence)

After the killing of Polonius, Hamlet is placed under guard (IV. ii. 14).

2 Samuel i:17–27

Othello II.iii 264–267, III.iii. 155–161

Titles. For the titles of literary works, scholarly usage prefers italics with capitalized initials. The usage of editors and publishers varies, some using italics with capitalized initials, others using Roman with capitalized initials and with or without quotation marks. Use italics (indicated in manuscript by underscoring), except in writing for a periodical that follows a different practice. Omit initial A or The from titles when you place the possessive before them.

The Iliad; the Odyssey; As You Like It; To a Skylark; The Newcomes; A Tale of Two Cities; Dicken's Tale of Two Cities.

V

WORDS AND EXPRESSIONS
COMMONLY MISUSED

(Many of the words and expressions here listed are not so much bad English as bad style, the commonplaces of careless writing. As illustrated under Feature, the proper correction is likely to be not the replacement of one word or set of words by another, but the replacement of vague generality by definite statement.)

All right. Idiomatic in familiar speech as a detached phrase in the sense, "Agreed," or "Go ahead." In other uses better avoided. Always written as two words.

As good or better than. Expressions of this type should be corrected by rearranging the sentence.

> My opinion is as good or better than his.
> My opinion is as good as his, or better (if not better).

As to whether. Whether is sufficient; see under Rule 13.

Bid. Takes the infinitive without to. The past tense is bade.

Case. The Concise Oxford Dictionary begins its definition of this word: "instance of a thing's occurring; usual state of affairs." In these two senses, the word is usually unnecessary.

> In many cases, the rooms were poorly ventilated.
> Many of the rooms were poorly ventilated.
> It has rarely been the case that any mistake has been made.
> Few mistakes have been made.

See Wood, Suggestions to Authors, pp. 68–71, and Quiller–Couch, The Art of Writing, pp. 103–106.

Certainly. Used indiscriminately by some speakers, much as others use very, to intensify any and every statement. A mannerism of this kind, bad in speech, is even worse in writing.

Character. Often simply redundant, used from a mere habit of wordiness.

Acts of a hostile character
Hostile acts

Claim, vb. With object–noun, means lay claim to. May be used with a dependent clause if this sense is clearly involved: "He claimed that he was the sole surviving heir."(But even here, "claimed to be"would be better.) Not to be used as a substitute for declare, maintain, or charge.

Compare. To compare to is to point out or imply resemblances, between objects regarded as essentially of different order; to compare with is mainly to point out differences, between objects regarded as essentially of the same order. Thus life has been compared to a pilgrimage, to a drama, to a battle; Congress may be compared with the British Parliament.
Paris has been compared to ancient Athens; it may be compared with modern London.

Clever. This word has been greatly overused; it is best restricted to ingenuity displayed in small matters.

Consider. Not followed by as when it means, "believe to be." "I consider him thoroughly competent." Compare, "The lecturer considered Cromwell first as soldier and second as administrator," where "considered" means "examined" or "discussed."

Dependable. A needless substitute for reliable, trustworthy.

Due to. Incorrectly used for through, because of, or owing to, in adverbial phrases: "He lost the first game, due to carelessness." In correct use related as predicate or as modifier to a particular noun: "This invention is due to Edison;" "losses due to preventable fires."

Effect. As noun, means result; as verb, means to bring about, accomplish (not to be confused with affect, which means "to influence").

As noun, often loosely used in perfunctory writing about fashions, music, painting, and other arts: "an Oriental effect;" "effects in pale green;" "very delicate effects;" "broad effects;" "subtle effects;" "a charming effect was produced by." The writer who has a definite meaning to express will not take refuge in such vagueness.

Etc. Not to be used of persons. Equivalent to and the rest, and so forth, and hence not to be used if one of these would be insufficient, that is, if the reader would be left in doubt as to any important particulars. Least open to objection when it represents the last terms of a list already given in full, or immaterial words at the end of a quotation. At the end of a list introduced by such as, for example, or any similar expression, etc. is incorrect.

Fact. Use this word only of matters of a kind capable of direct verification, not of matters of judgment. That a particular event happened on a given date, that lead melts at a certain temperature, are facts. But such conclusions as that Napoleon was the greatest of modern generals, or that the climate of California is delightful, however incontestable they may be, are not properly facts.

On the formula the fact that, see under Rule 13.

Factor. A hackneyed word; the expressions of which it forms part can usually be replaced by something more direct and idiomatic.

His superior training was the great factor in his winning the match.

He won the match by being better trained.

Heavy artillery is becoming an increasingly important factor in deciding battles.

Heavy artillery is playing a larger and larger part in deciding battles.

Feature. Another hackneyed word; like factor it usually adds nothing to the sentence in which it occurs.

A feature of the entertainment especially worthy of mention was the singing of Miss A.

(Better use the same number of words to tell what Miss A. sang, or if the programme has already been given, to tell something of how she sang.)

As a verb, in the advertising sense of offer as a special attraction, to be avoided.

Fix. Colloquial in America for arrange, prepare, mend. In writing restrict it to its literary senses, fasten, make firm or immovable, etc.

He is a man who. A common type of redundant expression; see Rule 13.

> He is a man who is very ambitious.
> He is very ambitious.
> Spain is a country which I have always wanted to visit.
> I have always wanted to visit Spain.

However. In the meaning nevertheless, not to come first in its sentence or clause.

> The roads were almost impassable. However, we at last succeeded in reaching camp.

> The roads were almost impassable. At last, however, we succeeded in reaching camp.

When however comes first, it means in whatever way or to whatever extent.

> However you advise him, he will probably do as he thinks best.

However discouraging the prospect, he never lost heart.

Kind of. Not to be used as a substitute for *rather* (before adjectives and verbs), or except in familiar style, for *something like* (before nouns). Restrict it to its literal sense: "Amber is a kind of fossil resin;""I dislike that kind of notoriety."The same holds true of *sort of.*

Less. Should not be misused for *fewer.*

He had less men than in the previous campaign.

He had fewer men than in the previous campaign.

Less refers to quantity, *fewer* to number. "His troubles are less than mine"means "His troubles are not so great as mine.""His troubles are fewer than mine"means "His troubles are not so numerous as mine."It is, however, correct to say, "The signers of the petition were less than a hundred,"where the round number, a hundred, is something like a collective noun, and *less* is thought of as meaning a less quantity or amount.

Line, along these lines. *Line* in the sense of course of procedure, conduct, thought, is allowable, but has been so much overworked, particularly in the phrase along these lines, that a writer who aims at freshness or originality had better discard it entirely.

Mr. B. also spoke along the same lines.

Mr. B. also spoke, to the same effect.

He is studying along the line of French literature.

He is studying French literature.

Literal, literally. Often incorrectly used in support of exaggeration or violent metaphor.

A literal flood of abuse

A flood of abuse

Literally dead with fatigue

Almost dead with fatigue (dead tired)

Lose out. Meant to be more emphatic than lose, but actually less so, because of its commonness. The same holds true of try out, win out, sign up, register up. With a number of verbs, out and up form idiomatic combinations: find out, run out, turn out, cheer up, dry up, make up, and others, each distinguishable in meaning from the simple verb. Lose out is not.

Most. Not to be used for almost.

> Most everybody
>
> Almost everybody
>
> Most all the time
>
> Almost all the time

Nature. Often simply redundant, used like character.

> Acts of a hostile nature
>
> Hostile acts

Often vaguely used in such expressions as "a lover of nature;" "poems about nature." Unless more specific statements follow, the reader cannot tell whether the poems have to do with natural scenery, rural life, the sunset, the untracked wilderness, or the habits of squirrels.

Near by. Adverbial phrase, not yet fully accepted as good English, though the analogy of close by and hard by seems to justify it. Near, or near at hand, is as good, if not better. Not to be used as an adjective; use neighboring.

Oftentimes, ofttimes. Archaic forms, no longer in good use. The modern word is often.

One hundred and one. Retain the *and* in *this and similar expressions*, in accordance with the unvarying usage of English prose from Old English times.

One of the most. Avoid beginning essays or paragraphs with this formula, as, "One of the most interesting developments of modern science is, etc.;" "Switzerland is one of the most interesting countries of Europe." There is nothing wrong in this; it is simply threadbare and forcible–feeble.

People. The people is a political term, not to be confused with the public. From the people comes political support or opposition; from the public comes artistic appreciation or commercial patronage.

The word people is not to be used with words of number, in place of persons. If of "six people" five went away, how many "people" would be left?

Phase. Means a stage of transition or development: the phases of the moon; the last phase. Not to be used for aspect or topic.

Another phase of the subject

Another point (another question)

Possess. Not to be used as a mere substitute for have or own.

> He possessed great courage.
> He had great courage (was very brave).
> He was the fortunate possessor of
> He owned

Respective, respectively. These words may usually be omitted with advantage.

> Works of fiction are listed under the names of their respective
> authors.
> Works of fiction are listed under the names of their authors.
> The one mile and two mile runs were won by Jones and Cummings respectively.
> The one mile and two mile runs were won by Jones and by Cummings.

In some kinds of formal writing, as in geometrical proofs, it may be necessary to use respectively, but it should not appear in writing on ordinary subjects.

So. Avoid, in writing, the use of so as an intensifier: so good; so warm; so delightful.

On the use of so to introduce clauses, see Rule 4.

Sort of. See under Kind of.

State. Not to be used as a mere substitute for say, remark. Restrict it to the sense of express fully or clearly, as, "He refused to state his objections."

Student body. A needless and awkward expression, meaning no more than the simple word students.

> A member of the student body
>
> A student
>
> Popular with the student body
>
> Liked by the students
>
> The student body passed resolutions.
>
> The students passed resolutions.

System. Frequently used without need.

> Dayton has adopted the commission system of government.

Dayton has adopted government by commission.

The dormitory system

Dormitories

Thanking you in advance. This sounds as if the writer meant, "It will not be worth my while to write to you again." Simply write, "Thanking you," and if the favor which you have requested is granted, write a letter of acknowledgment.

They. A common inaccuracy is the use of the plural pronoun when the antecedent is a distributive expression such as each, each one, everybody, every one, many a man, which, though implying more than one person, requires the pronoun to be in the singular. Similar to this, but with even less justification, is the use of the plural pronoun with the antecedent anybody, any one, somebody, some one, the intention being either to avoid the awkward "he or she," or to avoid committing oneself to either. Some bashful speakers even say, "A friend of mine told me that they, etc."

Use he with all the above words, unless the antecedent is or must be feminine.

Very. Use this word sparingly. Where emphasis is necessary, use words strong in themselves.

Viewpoint. Write point of view, but do not misuse this, as many do, for view or opinion.

While. Avoid the indiscriminate use of this word for and, but, and although. Many writers use it frequently as a substitute for and or but, either from a mere desire to vary the connective, or from uncertainty which of the two connectives is the more appropriate. In this use it is best replaced by a semicolon.

> The office and salesrooms are on the ground floor, while the rest of the building is devoted to manufacturing.

> The office and salesrooms are on the ground floor; the rest of the building is devoted to manufacturing.

Its use as a virtual equivalent of although is allowable in sentences where this leads to no ambiguity or absurdity.

> While I admire his energy, I wish it were employed in a better cause.

This is entirely correct, as shown by the paraphrase,

> I admire his energy; at the same time I wish it were employed in a better cause.

Compare:

> While the temperature reaches 90 or 95 degrees in the daytime, the nights are often chilly.

> Although the temperature reaches 90 or 95 degrees in the day-time, the nights are often chilly.

The paraphrase,

> The temperature reaches 90 or 95 degrees in the daytime; at the same time the nights are often chilly.

shows why the use of while is incorrect.

In general, the writer will do well to use while only with strict literalness, in the sense of during the time that.

Whom. Often incorrectly used for who before he said or similar expressions, when it is really the subject of a following verb.

> His brother, whom he said would send him the money
>
> His brother, who he said would send him the money
>
> The man whom he thought was his friend
>
> The man who (that) he thought was his friend (whom he thought his friend)

Worth while. Overworked as a term of vague approval and (with not) of disapproval. Strictly applicable only to actions: "Is it worth while to telegraph?"

> His books are not worth while.
>
> His books are not worth reading (not worth one's while to read; do not repay reading).

The use of worth while before a noun ("a worth while story") is indefensible.

Would. A conditional statement in the first person requires should, not would.

> I should not have succeeded without his help.

The equivalent of shall in indirect quotation after a verb in the past tense is should, not would.

He predicted that before long we should have a great surprise.

To express habitual or repeated action, the past tense, without would, is usually sufficient, and from its brevity, more emphatic.

Once a year he would visit the old mansion.
Once a year he visited the old mansion.

VI

WORDS OFTEN MISSPELLED

accidentally formerly privilege

advice humorous pursue

affect hypocrisy repetition

beginning immediately rhyme

believe incidentally rhythm

benefit latter ridiculous

challenge led sacrilegious

criticize lose seize

deceive marriage separate

definite mischief shepherd

describe murmur siege

despise necessary similar

develop occurred simile

disappoint parallel too

duel Philip tragedy

ecstasy playwright tries

effect preceding undoubtedly

existence prejudice until

fiery principal

Write to–day, to–night, to–morrow (but not together) with hyphen.

Write any one, every one, some one, some time (except the sense of formerly)
as two words.

The End–

디아스포라(DIASPORA) 출판사는 독자 여러분의 책에 관한 아이디어와 원고 투고를 기다리고 있습니다. 전파과학사의 임프린트 디아스포라 출판사는 종교(기독교), 경제·경영서, 문학, 건강, 취미 등 다양한 장르의 국내 저자와 해외 번역서를 준비하고 있습니다. 출간을 고민하고 계신 분들은 이메일 diaspora_kor@naver.com로 간단한 개요와 취지, 연락처 등을 적어 보내주세요.

원어민도 실수하는 WRITING

영작문 핵심 규칙 24가지 THE ELEMENTS OF STYLE

—

초판 1쇄 인쇄 2017년 2월 14일
초판 1쇄 발행 2017년 2월 20일

—

지은이 　윌리엄 스트렁크 2세
옮긴이 　홍경희
펴낸이 　손동민
편 집 　손동석
디자인 　황지영

—

펴낸곳 　디아스포라
출판등록 　2014년 3월 3일 제25100-2014-000011호
주 소 　서울시 서대문구 증가로 18, 204호
전 화 　02-333-8877(8855)
팩 스 　02-334-8092
이메일 　diaspora_kor@naver.com
홈페이지 　http://diaspora21.modoo.at

I S B N 　979-11-87589-16-7 (03740)